SingLiesel

2. Auflage

www.singliesel.de
Satz: Satz für Satz, Wangen im Allgäu
Druck: FINIDR, s.r.o.
Printed in Czech Republic

ISBN 978-3-944360-59-1

Hinweis:
Alle Übungsvorschläge in diesem Buch sind aus der Praxis heraus entstanden und vielfach erprobt. Bitte vergessen Sie aber nicht, dass jeder Mensch seine spezielle Tagesform und seine einzigartige Biografie mitbringt, die Sie dabei vielleicht berücksichtigen müssen. Nicht jede Übung passt für jeden. Die Autorinnen und der Verlag haften nicht für etwaige Personen- oder Sachschäden.

Annika Schneider

Wohlfühl-Geschichten

25 Entspannungsgeschichten zum Träumen und Loslassen

Inhaltsverzeichnis

Entspannungsangebote für Senioren 6
Die Folgen von negativem Stress. 7
Entspannungstechniken 8
Entspannungsübungen für Senioren. 10
Entspannungsgeschichten für Senioren 12
Raumgestaltung und Vorbereitung 13
Entspannungsangebote in der Einzelbetreuung 15
Entspannungsgeschichten in Gruppenangeboten. 16
Zeichen von Entspannung. 18
Sinnesangebote 19

Füße im Sand 22
Spaziergang im Schnee 26
Der schönste Tag der Woche. 30
Sonnenaufgang in den Bergen 34
Vertraute Wege 38
Endlich zu Hause. 42
Sternenmeer am Nachthimmel 46
Herbstbilder 50

Im Garten 54
Wasser auf der Haut. 58
Leises Frühlingserwachen 62
Auf Schienen durch die Welt 66
In Richtung Horizont 70
Das Licht der Kerzen 74
Ein Sommertag 78
Symphonien 82
Geborgen wie früher 86
Erinnerungen 90
Abendstimmung 94
Der rote Luftballon 98
Durch die Lüfte 102
Kugeln aus Glas. 106
Melodien am Lagerfeuer 110
Bald ist Weihnachten. 114
Kutschfahrt ins Glück 118
Federleicht durchs Blütenmeer 122
Wege am Strand 126

Entspannungs-angebote für Senioren

Einen Augenblick innehalten, zur Ruhe kommen und Körper und Seele die Möglichkeit geben, sich zu entspannen …

In der Begleitung von Senioren und Menschen mit Demenz erleben wir ganz häufig Situationen oder Begegnungen, in denen wir deutlich spüren, wie angespannt und unruhig die älteren Menschen sind. Das betrifft sowohl Menschen, die in stationären Einrichtungen oder Tageseinrichtungen betreut werden, als auch Senioren, die zu Hause gepflegt werden.

Doch woran liegt das? Was bewirkt bei den Betroffenen eine so enorme Anspannung und Unruhe? Wenn man sich die auslösenden Faktoren für Stressreaktionen des Körpers ansieht, so spielen in der Generation der heute Älteren Zeitmangel, die Vereinbarung von Familie und Beruf oder das gleichzeitige Erledigen vieler Aufgaben im Alltag nicht mehr die übergeordnete Rolle. Negative Reize, die speziell im Organismus von

Senioren zu Stressreaktionen führen können, sind beispielsweise Krankheiten, der Verlust des Ehepartners, Schmerzen, Einsamkeit, Heimweh, Gedächtnisverlust oder auch ungelöste Konflikte. Sie werden insbesondere dann als negativ empfunden, wenn es dem Körper nicht mehr gelingt, einen gesunden Ausgleich zu schaffen – weil es zum Beispiel aufgrund von altersbedingten körperlichen oder auch kognitiven Einschränkungen einfach nicht mehr möglich ist.

Die Folgen von negativem Stress

Die Symptome von zu viel negativem Stress (Disstress) und mangelnden Strategien zur Stressbewältigung können vielfältig sein. Oft äußern sie sich jedoch durch

- **Schlafstörungen**
- **chronische Schmerzen**
- **Verdauungsprobleme**
- **Bluthochdruck**
- **An- und Verspannungen im Körper**
- **Abnahme des Aufmerksamkeitsvermögens und der Konzentrationsfähigkeit**
- **Motivationsverlust**

Entspannungstechniken

Entspannung ist für unser körperliches und seelisches Wohlbefinden sehr wichtig. In dauerhafter Anspannung kann unser Körper nicht oder nur sehr eingeschränkt funktionieren. Dies führt oft zu neuen Stressreaktionen. Ein Kreislauf entsteht, der sich nur schwer durchbrechen lässt. Mit geeigneten Entspannungstechniken kann man lernen, die Auswirkungen von zu viel negativem Stress auf den Körper zu reduzieren oder aus ihnen sinnvolle Bewältigungsstrategien zu entwickeln.

Zu den heute bekanntesten Entspannungstechniken und -hilfen gehören:

- **Progressive Muskelentspannung nach Jacobson**
- **Autogenes Training**
- **Meditation**
- **Yoga, Pilates, Qigong**
- **Atemübungen**
- **Wärme**
- **Bewegung (Spazieren, Joggen, Schwimmen)**
- **Entspannungsgeschichten oder Fantasiereisen**
- **Entspannungsmusik (sanfte Klänge oder Melodien, Vogelgezwitscher, Meeresrauschen ...)**
- **Massagen**

Dabei sollte man nie vergessen, dass das Erleben von Entspannung immer subjektiv ist. Auch die geeignete Technik und Häufigkeit, in der man solche Momente in seinen Alltag integriert, muss jeder für sich selbst entdecken.

Speziell in der Seniorenarbeit kommt es nicht darauf an, komplexe Entspannungstechniken zu erlernen. Im Gegenteil. In vielen Fällen ist dies auch nicht mehr möglich. Hier kommt es vielmehr darauf an, den Menschen viele kleine Momente zu ermöglichen, in denen sie zur Ruhe kommen können – in denen sich Anspannungen lösen können. Da reicht manchmal ein kurzer Spaziergang, die Melodie eines besonderen Liedes oder eine kleine Atemübung. Besonders in der Begleitung von Menschen mit Demenz muss man die Teilnehmenden gut beobachten und darauf achten, dass man niemanden mit dem Angebot überfordert. Denn das würde genau das Gegenteil der erwünschten Wirkung ergeben. Anstelle von Entspannung erleben die Senioren dann noch viel mehr Anspannungen und Stress. Oft erzeugt diese Überforderung zusätzlich Emotionen wie Ärger, Wut oder sogar Verzweiflung. Ein immer schwieriger zu durchbrechender Kreislauf würde entstehen. Deshalb: Schauen Sie hin und versuchen Sie, ganz genau wahrzunehmen, wie es Ihrem Gegenüber geht. Veränderungen im Bereich der Gesichtsmuskeln, des Muskeltonus und der Atemfrequenz sind am schnellsten zu erkennen.

Sollten Sie eine Gruppe leiten, der Sie das Erlernen und Anwenden einer bestimmten Entspannungstechnik zutrauen, dann würde sich speziell in der Seniorenarbeit die Progressive Muskelentspannung nach Jacobson eignen. Bei der Progressiven Muskelentspannung werden die einzelnen Muskelpartien des Körpers nacheinander bewusst angespannt, die Anspannung wird für einige Sekunden gehalten und danach wieder entspannt. Durch dieses bewusste An- und Entspannen kann ein Entspannungszustand herbeigeführt werden.

Entspannungsübungen für Senioren

Entspannungsangebote für Senioren können, sofern Sie gut auf die Bedürfnisse und die Ressourcen der Teilnehmenden abgestimmt sind und dann auch noch angenommen werden, die negativen Auswirkungen von Stressoren auf den Organismus mindern. Das kann zu einer Verbesserung des Konzentrationsvermögens führen, (chronische) Schmerzen reduzieren, Verspannungen lösen und somit Stück für Stück die Lebensqualität verbessern.

Die Entspannungsübung kann dabei entweder als ganze Einheit angeboten werden oder auch nur ein Element in einem Bewegungsangebot oder dem Gedächtnistraining sein. Kurze

Entspannungssequenzen führen nachweislich zu mehr Motivation und Aufmerksamkeit, einem höheren Konzentrationsvermögen und besseren Gedächtnisleistungen.

Die Entscheidung, zu welchem Zeitpunkt Ihrer Aktivierung Sie eine Entspannungssequenz anbieten, machen Sie am besten von der Art des Angebots und von den Ressourcen und der Tagesform der teilnehmenden Senioren abhängig. Wenn Sie mit einer Entspannungsübung beginnen, weckt das die Aufmerksamkeit der Teilnehmer und gibt allen die Möglichkeit, in Ruhe „anzukommen". Wenn Sie inmitten kleiner Gedächtnisaufgaben spüren, dass die Konzentration der Senioren nachlässt, können Sie diese durch eine kurze Entspannungssequenz wieder fördern. Beenden Sie ein Aktivierungsangebot mit einer Entspannungsübung, dann entlassen Sie die Teilnehmer mit einem entspannten und positiven Körpergefühl.

Entspannungsgeschichten für Senioren

Geschichten mit einer bewusst ruhigen Handlung, langsamen Bildern und sinnesanregenden Erzählelementen können die Zuhörenden dabei unterstützen, sich zu entspannen und zur Ruhe zu kommen. In der Begleitung von Senioren und Menschen mit Demenz bieten sich Entspannungsgeschichten besonders gut an, da dafür keine bestimmte Entspannungstechnik erlernt werden muss. Die Handlung in den Geschichten gestaltet dabei einen gewissen Rahmen, in dem sich jeder Zuhörer frei „bewegen" und auf seine Art und nach seinen individuellen Bedürfnissen entspannen darf – aber nicht muss.

Die Entspannungsgeschichten in diesem Buch passen sich speziell an die Bedürfnisse, die Lebenswelt und die Biografie der heute lebenden Senioren an. Die Themen wurden so gewählt, dass sie die Zuhörenden an Momente, Situationen und Bilder erinnern, die sie so oder so ähnlich selbst erlebt haben könnten.

Dabei stehen die wahrnehmungsanregenden Sinneseindrücke ganz besonders im Mittelpunkt. Der Zuhörer nimmt durch die detaillierten Beschreibungen in den Geschichten wahr, was die Personen

- **sehen**
- **hören**
- **fühlen**
- **riechen**

Zu Beginn laden Sie die Senioren ein, in Gedanken auf eine Reise an einen bestimmten Ort mitzukommen. In der Geschichte selbst hat jeder die Möglichkeit, sich diesen Ort mithilfe seiner Fantasie und seinen eigenen Erfahrungen ganz frei und individuell vorzustellen. Durch das Nachspüren der Sinneseindrücke, der beschriebenen Gefühle und Empfindungen bieten die Geschichten den Zuhörenden einen sicheren Raum und eine gute Möglichkeit, sich zu entspannen.

Raumgestaltung und Vorbereitung

Wie bei jedem anderen Betreuungsangebot auch, sollten Sie sich vorher bei den behandelnden Ärzten und dem Pflegepersonal vergewissern, ob es Gründe gibt, weshalb jemand nicht an einem Entspannungsangebot teilnehmen sollte.

Gründe hierfür könnten beispielsweise spezielle (psychische) Erkrankungen sein. Aber auch Traumata können eine Kontraindikation für Entspannungsangebote sein.

Vielleicht haben Sie auch die Möglichkeit, mit Angehörigen oder den Senioren selbst zu sprechen und herauszufinden, welche Vorlieben sie haben, welche Orte positive Erinnerungen bei den Betroffenen wecken, oder auch zu erfahren, ob es Orte gibt, an denen sie sich eigentlich nie wohlgefühlt haben.

Generell kennen Sie Ihre Senioren am besten. Überlegen Sie, mit wem Sie Entspannungseinheiten in einer Gruppe durchführen können und wem Sie lieber eine Entspannungsgeschichte im Rahmen einer Einzelbetreuung vorlesen sollten. Auch hier – und ganz besonders bei Entspannungsangeboten – sollte man ein Nein und eine Ablehnung seiner Einladung unbedingt respektieren.

Wählen Sie für die Entspannungsgeschichten und auch andere Entspannungseinheiten für Gruppen einen Raum aus, in dem Sie möglichst ungestört sind. Richten Sie den Raum nett her, lüften Sie ihn vorher noch einmal kurz und zünden Sie eventuell eine Kerze an. Achten Sie auf angenehmes, nicht zu grelles Licht. Die Senioren sollten bequeme und nicht zu enge Kleidung tragen. Ein Stuhlkreis bietet erfahrungsgemäß eine angenehme Atmosphäre, in der man sich gut entspannen kann. Das Sitzen an Tischen mit ausreichend Beinfreiheit ist aber auch möglich.

Entspannungsangebote in der Einzelbetreuung

In der Einzelbetreuung haben Sie manchmal die Möglichkeit, sich im Anschluss mit den Senioren über die Entspannung zu unterhalten. Nehmen Sie sich ein paar Minuten Zeit für eine kurze Reflexion. In solchen Momenten können manchmal sehr besondere Gespräche entstehen.

- **Wie hat derjenige sich gefühlt?**
- **Hat ihm die Geschichte gefallen?**
- **Ist es ihm/ihr (heute) gelungen, ein wenig zur Ruhe zu kommen?**
- **War er/sie gerne an dem Ort, der in der Geschichte beschrieben wurde?**

Auch Menschen mit schweren Erkrankungen, die bettlägerig sind und mit denen eine verbale Kommunikation nicht oder nur eingeschränkt möglich ist, können von Entspannungsgeschichten und Ihrer Nähe profitieren. Planen Sie hier ein wenig Zeit ein, um anzukommen und die Person spüren zu lassen, dass Sie da sind. Berühren Sie sie vielleicht an der Schulter, am Arm oder an der Hand. Erklären Sie ihr ruhig, was Sie vorhaben, und vergewissern Sie sich, dass Ihr Adressat angenehm liegt oder bequem sitzt. Erst dann beginnen Sie mit dem Vorlesen.

Bleiben Sie danach noch einen Moment bei der Person und verabschieden Sie sich.

Entspannungsgeschichten in Gruppenangeboten

Bitten Sie die Senioren in Gruppenangeboten, sich so bequem wie möglich hinzusetzen. Die Augen dürfen während des Zuhörens gerne geschlossen werden. Wer das nicht möchte, lässt sie einfach auf.

Ob Sie im Hintergrund Entspannungsmusik laufen lassen, entscheiden Sie selbst. Machen Sie Ihre Entscheidung von den Wünschen und Fähigkeiten der Zuhörenden abhängig. Zögern Sie auch nicht, etwas auszuprobieren. Nur anhand von Erfahrungen und Ihren Beobachtungen werden Sie reicher …

Lesen Sie die Geschichte langsam vor. Achten Sie auf Pausen zwischen den einzelnen Sätzen. Machen Sie außerdem nach jedem Absatz eine Pause, damit die Senioren dem, was Sie vorgelesen haben, nachspüren können. Im Text finden Sie nach jedem zweiten oder dritten Satz einen Absatz, orientieren Sie sich gerne daran.

Geben Sie den Senioren nach dem Vorlesen Zeit, den Entspannungszustand noch einige Minuten zu genießen. Laden Sie sie ein, sich zu Räkeln und zu Strecken, eventuell auch die Arme und Beine auszustreichen oder leicht abzuklopfen. Erfahrungsgemäß werden die Techniken gerne angenommen, wenn man sie selbst vormacht.

Vergewissern Sie sich, dass es allen gut geht und sie wieder im Hier und Jetzt (im Rahmen ihrer kognitiven Fähigkeiten) angekommen sind. Wenn möglich, können Sie natürlich auch an dieser Stelle eine kurze Reflexion anschließen. Hierbei muss nicht jeder in der Runde etwas sagen. Manchmal ist es auch sinnvoll, den Entspannungszustand einfach so lange wie möglich beizubehalten und ihn zu genießen. Am Ende verabschieden Sie sich.

Zeichen von Entspannung

Es ist nicht immer leicht zu erkennen, ob sich Ihr Gegenüber während des Zuhörens wirklich entspannt hat. Insbesondere wenn eine verbale Kommunikation nicht mehr oder nur eingeschränkt möglich ist, muss man auf andere Signale des Körpers achten. Bei Bettlägerigen kann das zum Beispiel die Atemfrequenz sein. Zudem ist es leichter, den Gemütszustand und den Entspannungsgrad der Senioren einzuschätzen, wenn man sie gut kennt und sie schon oft im Alltag und in Angeboten erlebt hat.

Es gibt aber auch ein paar typische Anzeichen dafür, dass sich ein Körper entspannt:

- **Muskelanspannungen in den Armen, den Beinen und im Rumpf lösen sich.**
- **Die Atmung wird gleichmäßig, langsamer und tiefer.**
- **Die Herzfrequenz und der Blutdruck sinken, der Puls wird langsamer.**
- **Die Gefäße erweitern sich. Füße und Hände, Arme und Beine werden warm. Manchmal wird dadurch ein leichtes Kribbeln wahrgenommen.**
- **Die Gesichtsmuskeln entspannen sich.**

Versuchen Sie, die Reaktionen der Teilnehmenden gut zu beobachten. Nur so können Sie auf die Bedürfnisse der Senioren reagieren und ein Angebot evtl. verkürzen oder verlängern. Beachten Sie auch, dass die Tagesform eine große Rolle dabei spielt, ob man sich auf Entspannungsangebote einlassen kann oder nicht. Seien Sie flexibel und nehmen Sie die Wünsche Ihres Gegenübers an. So können Ihre Begegnungen zu wunderbaren Erfahrungen für alle Seiten werden …

Sinnesangebote

Es gibt die Möglichkeit, die Entspannungsgeschichten mit besonderen Sinnesangeboten zu unterstützen. So können Sie bestimmte Sinneseindrücke, die in den Geschichten beschrieben werden, durch Geräusche oder Düfte verstärken. Manchmal wird auch Entspannungsmusik als wohltuend empfunden. Warme Kirschkernsäckchen oder weiche Stoffe im Arm oder auf dem Schoß der Senioren geben vielen Sicherheit und helfen dem Körper und den Gedanken, zur Ruhe zu kommen.In der Einzelbetreuung haben Sie die Möglichkeit, nach dem Vorlesen vorsichtig die Arme und Beine der Senioren ausstreichen. Dadurch können Sie den Entspannungszustand unterstützen und ihn sogar verlängern. Achten Sie aber auch hier darauf, ob die Berührungen wirklich als angenehm empfunden werden.

Hier die unterstützenden Sinnesangebote in der Übersicht:

- Düfte (natürliche Düfte, zum Beispiel von frisch geschälten Orangen, oder Öle)
- Entspannungsmusik
- Geräusche (wie Vogelzwitschern, Meeresrauschen, Wasserbewegungen ...)
- Ausstreichen von Armen und/oder Beinen (in Einzelangeboten)
- Materialien zum Fühlen (zum Beispiel weiche Stoffe, Kissen, Kuscheltiere, Decken ...)
- warme Kirschkernsäckchen oder auch Wärmeflaschen

Suche dir eine Position aus, in der du dich wohlfühlst. Atme tief ein und aus. Schließe deine Augen und komm mit an einen ruhigen See mit Sandstrand …

Füße im Sand

Der warme Sand rinnt langsam zwischen Amelies Zehen hindurch. Es kitzelt ein wenig, aber sie mag das Gefühl. Sie schaut in die Ferne.

Vor ihr bewegt sich das Wasser des Sees ganz langsam am Ufer hin und her. Um sie herum ist es fast vollkommen still.

Amelie konzentriert sich auf das ruhige Gluckern und das zaghafte Plätschern der kleinen Wellen, die sich immer wieder vorsichtig ihren Weg ans Ufer bahnen. Sie schließt die Augen.

Ihr Atem ist ganz ruhig. Sie spürt, wie beim Einatmen die frische Seeluft ganz gleichmäßig in ihren Körper strömt.

Beim Ausatmen entspannen sich ihre Muskeln. Ihre Arme und Beine werden allmählich immer leichter. Die Last der Alltagssorgen auf ihren Schultern wird mit jedem Atemzug weniger.

Noch eine Weile spürt Amelie in ihren Körper hinein. Sie atmet ein – und aus, ein – und aus, ein – und aus. Die frische Luft tut ihr gut.

Der Duft des Wassers, der nassen Steine am Ufer und der Geruch des Sandstrandes erinnern sie an die vielen vergangenen Sommertage, die sie als Kind hier verbracht hat.

Es sind schöne Erinnerungen, die ihren ganzen Körper mit einem behaglichen Glücksgefühl durchströmen. Für einen Augenblick lässt sie sich von diesen Erinnerungen tragen …

Amelie atmet weiter ganz entspannt und ruhig ein und aus. Sie spürt, wie die Sonne auf ihrer Haut allmählich wärmer wird. Es fühlt sich an, als sei sie in eine weiche Decke gehüllt.

Sie hört ein paar Vögel zwitschern, die es sich auch am Ufer des Sees gemütlich gemacht haben. Amelie öffnet ganz langsam ihre Augen und legt ihr Kinn auf den angewinkelten Knien ab.

Einige Sonnenstrahlen glitzern auf der Wasseroberfläche. Noch immer bewegt sich das Wasser ganz langsam und ruhig hin und her.

Amelie vergräbt ihre Füße tief im Sand und spürt, wie sich die weichen Sandkörner an ihre Haut schmiegen.

Die frische Luft strömt fast durch jede Zelle ihres Körpers. Es geht ihr gut.

Noch einmal schaut sie auf die glitzernde Wasseroberfläche und hört den Vögeln beim Zwitschern zu. Es hört sich friedlich an.

Mit der Hand streicht sie über die Haut an ihrem Unterarm, die so zart von der Sonne gewärmt wurde. Und noch einmal atmet sie tief ein – und wieder aus.

Sie fühlt sich ausgeruht, glücklich und entspannt …

Suche dir eine Position aus, in der du dich wohlfühlst. Atme tief ein und aus. Schließe deine Augen und komm mit auf einen Abendspaziergang durch den Schnee …

Spaziergang im Schnee

Ganz behutsam setzt Nikolas einen Fuß vor den anderen. Bei jedem Schritt knirscht der Schnee unter seinen Schuhsohlen. Ansonsten ist es vollkommen still an diesem Abend.

Nikolas geht die Runde, die er schon so häufig gegangen ist. Und trotzdem ist dieser Spaziergang etwas ganz Besonderes …

Die Luft riecht nach Schnee. Bei jedem Atemzug wird jeder Teil seines Körpers mit frischem Sauerstoff erfüllt.

Nikolas atmet ganz tief ein – und wieder aus, ein – und wieder aus, ein – und aus.

Er spürt, dass ihm das Gehen an der frischen Luft guttut. Seine Arme und Beine werden mit jedem Schritt leichter.

Die Verspannungen in seinem Körper lösen sich nach und nach. Er atmet ruhig und gleichmäßig.

Nikolas fühlt sich wohl. Er genießt die Stille der Nacht und die Dunkelheit, die sich über die Straße gelegt hat. Einzig und allein der Schnee leuchtet im Mondschein.

Die glitzernden Schneekristalle haben etwas sehr Geheimnisvolles, und die fast unberührte Schneedecke ist für ihn an diesem Abend an Schönheit kaum zu übertreffen …

Nikolas spürt mit jedem Atemzug, wie gut ihm der Spaziergang tut. In fast allen Häusern leuchtet Kerzenlicht – ein warmes Licht, das er besonders gerne hat.

In einem der Fenster sieht er ein Feuer im Kamin flackern. Einen Moment lang bleibt er stehen und schaut es sich an.

Die Flammen bewegen sich ganz gleichmäßig und leuchten in kräftigen, warmen Rot- und Orangetönen. Und obwohl Nikolas draußen vor dem Fenster steht, meint er spüren zu können, welche wohlbehagliche Wärme von dem Feuer ausgeht.

Er hält noch einen Augenblick inne und spürt, wie sich seine Schultern entspannen.

Einzig und allein seine Nasenspitze fühlt sich ein wenig kalt an. Der Rest seines Körpers ist durch die dicke Jacke und den weichen Wollschal so gut geschützt, dass es ihm angenehm warm ist.

Nikolas schaut in den sternenklaren Himmel und atmet die klare Winterluft ein. Um ihn herum herrscht immer noch friedliche Stille.
Erst als er sich weiter auf den Weg macht, hört er wieder das Knirschen des Schnees unter seinen Schuhsohlen.

Er geht seine Runde wie gewohnt weiter. An der letzten Straßenecke kann er in der Ferne schon sein Haus sehen. Mit dem behaglichen Gefühl, dass er gleich wieder dort sein wird, atmet er noch mal tief ein – und aus, ein – und aus, ein – und aus.

Nikolas schaut noch einmal in den klaren Sternenhimmel und sieht sich die Schneekristalle an. Sie glitzern im hellen Mondschein.

Er hört ganz genau hin, wie seine Schritte im Schnee klingen. Er freut sich auf das warme Kerzenlicht, das er schon durch das Fenster im Wohnzimmer leuchten sehen kann. Nikolas fühlt sich gut, er hat neue Kraft geschöpft und ist vollkommen entspannt …

Suche dir eine Position aus, in der du dich wohlfühlst. Atme tief ein und aus. Schließe deine Augen und stell dir vor, es ist Sonntag …

Der schönste Tag der Woche

Der Sonntag ist für Gerd der schönste Tag der Woche. Am Sonntag braucht er nicht zu arbeiten, die Kinder und Enkel kommen zu Besuch, und seine Frau kocht eins seiner Lieblingsgerichte.

Er genießt das Gefühl, alle seine Lieben um sich zu haben und nur in dem einen besonderen Augenblick zu sein.

Gerd und seine Frau Linda gehen am Morgen in die Messe. Die Gebete und das Singen tun Gerd gut und geben ihm neue Kraft für die Woche.

Doch das Schönste am Sonntag folgt am Mittag, wenn die Kinder kommen. Dann fühlt sich alles fast wieder so an wie früher.

Nur, dass die Kinder größer und älter geworden sind. Gerd genießt jedes Mal die herzliche Umarmung seiner Tochter. Das fühlt sich an wie ein weiches Tuch, das sich um seinen Körper legt.

Er spürt, wie wohl er sich fühlt, wenn er sie in seinen Armen hält. Und wie befreit er atmen kann, wenn er sie um sich hat.

Er mag es, sich mit seinem Sohn über die Nachrichten der Woche auszutauschen und zu hören, was es Neues in der Firma gibt. Gerd sitzt dabei auf dem Sofa, auf seinem Lieblingsplatz. Hier fühlt er sich besonders wohl.

Er kann die Hände ganz entspannt in den Schoß legen und die Schultern in die weiche Lehne drücken. Ab und an lehnt er den Kopf zurück und atmet ganz bewusst tief ein und aus. Die Muskeln in seinem Nacken und an den Schultern entspannen sich. Es fühlt sich auf einmal alles ganz leicht an.

Gerd schaut den Enkelkindern beim Spielen zu, als ihm der vertraute Duft vom Sonntagsbraten in die Nase steigt. Ein Lächeln legt sich über sein Gesicht. Den mag er wirklich am liebsten.

Bald ist der ganze Raum von dem Duft der Kräuter, Zwiebeln und den feinen Röstaromen erfüllt. Und es duftet wie an jedem dieser schönen Sonntage, die er auch früher im Kreis seiner Familie verbringen durfte …

Gerd schließt seine Augen und lauscht den Stimmen seiner Kinder und Enkel, die sich hier bei ihnen im Wohnzimmer immer wie zu Hause fühlen. Er hört die ruhige Stimme seiner Tochter, die gerade eine Geschichte vorliest.

Er hört, wie die Jungs mit den kleinen Autos über den Teppich fahren, und er nimmt das leise Gemurmel seiner Enkelin wahr, die gerade mit ihrer Puppe spielt.

Gerd lässt die Augen noch einen Moment lang geschlossen und versucht, ihn sich für immer einzuprägen.

Der Duft, die Geräusche, die Nähe zu seinen Lieben – mehr braucht er nicht, um glücklich zu sein.

Er spürt, wie leicht es ihm fällt, ruhig ein- und auszuatmen, und wie entspannt sich seine Schultern anfühlen.

Noch einmal lehnt er seinen Rücken gegen das weiche Polster und atmet tief ein und aus. Es geht ihm gut, er fühlt sich wohl, zufrieden und entspannt …

Suche dir eine Position aus, in der du dich wohlfühlst. Atme tief ein und aus. Schließe deine Augen und komm mit zu einem Sonnenaufgang in den Bergen …

Sonnenaufgang in den Bergen

Charlotte spürt, wie gut ihr die Bewegung an der frischen Luft tut. Hier oben in den Bergen fühlt sie sich wohl.

Sie nimmt drei tiefe Atemzüge und atmet langsam ein – und aus, ein – und aus, ein – und aus. Johannes und sie sind heute Morgen ganz früh aufgebrochen, um den Sonnenaufgang mitzuerleben.

Noch ist es dämmerig und sehr still um sie herum. Lediglich die leisen Bewegungen der kleinen Steinchen unter ihren Schuhsohlen sind zu hören.

Charlotte setzt gleichmäßig einen Fuß vor den anderen. In den Wanderschuhen fühlt sie sich sicher.

Die Luft ist klar. Am Horizont bahnt sich langsam ein rot-orangefarbener Streifen seinen Weg über den Himmel.

Die beiden gehen noch ein kleines Stück – bis sie an eine Stelle kommen, an der sie einen wunderschönen Ausblick über das Tal haben. Im Hintergrund liegen die Gipfel der anderen Berge.

Charlotte fällt das Gehen leicht. Die Bewegung ist gut für ihre Gelenke.

Immer noch atmet sie tief ein und aus. Es fühlt sich an, als ströme die frische Bergluft bis in jede Zelle ihres Körpers.

Charlotte sieht, wie sich die Gipfel der Berge um sie herum langsam in ein tiefes Rot hüllen. Und obwohl bis jetzt nur ein paar Sonnenstrahlen zu sehen sind, spürt sie ganz deutlich, wie sich die Luft nach und nach erwärmt.

Sie setzt sich auf einen kleinen Felsvorsprung und schaut in die Ferne. Von hier kann sie die Silhouetten der tiefer liegenden Berge wunderbar sehen.

Das Rot der Sonne wird immer kräftiger. Und bald strahlt der ganze Himmel in ihrem atemberaubenden Licht …

Charlotte gibt sich dem wunderschönen Naturschauspiel voll und ganz hin. Überwältigt von der Schönheit des Himmels und der Berge lehnt sie ihren Kopf zurück und versucht, sich die zauberhaften Bilder so fest einzuprägen, dass sie sie nie wieder vergisst.

Sie spürt, wie leicht und entspannt sich ihr Körper anfühlt. Charlotte streckt ihre Beine aus und schließt für einen Moment lang die Augen. Ihre Atmung ist ganz ruhig. Sie atmet gleichmäßig ein – und aus, ein – und aus, ein – und aus.

Sie genießt die frische Bergluft und die Sonnenstrahlen, die ihre Wangen und die Haut an ihren Unterarmen streicheln. Sie fühlt sich frisch, ausgeruht und entspannt. Und sie hat Kraft für den neuen Tag gesammelt …

Suche dir eine Position aus, in der du dich wohlfühlst. Atme tief ein und aus. Schließe deine Augen und komm mit auf einen Spaziergang durch die Stadt …

Vertraute Wege

In ihrer Heimatstadt fühlt Renate sich wirklich am wohlsten. Lange Zeit hat sie es leider nicht einrichten können, hier vorbeizuschauen. Doch seit gestern ist sie endlich wieder in ihrem alten Zuhause …

… dort, wo sie jede Straßenecke kennt, wo ihr jedes Haus vertraut ist, wo sie früher fast jeden mit Vor- und Zunamen kannte.

Ja, die Menschen, die heute hier leben, sind ihr beim besten Willen nicht mehr alle mit Namen bekannt. Aber die Straßen, die Wege, die alten Häuser und die Geschäfte sind noch da … so, wie sie sie in Erinnerung hatte, seit sie ein kleines Mädchen war.

Renate ist früh aufgestanden. Sie liebt es, durch den Stadtkern zu gehen, wenn alle anderen noch schlafen.

Sie steht auf der Treppe vor dem Haus ihrer Eltern. Im Vorgarten steht die große Kastanie. Prächtig und majestätisch wacht sie über das Haus – nun schon seit vielen, vielen Jahren.

Renate atmet die frische Morgenluft ein. Alles erscheint noch so unberührt und still. Sie atmet ein – und aus, ein – und aus, ein – und aus.

Sie spürt, wie gut ihr die frische Luft tut. Mit jedem Atemzug wird sie wacher.

Ihre Schultern entspannen sich, und ihr Brustkorb öffnet sich beim Einatmen immer weiter …

Der blaue Himmel lässt sie nun keinen Augenblick mehr zögern loszugehen. Renate geht den steinernen Weg durch den Vorgarten entlang zum Gartentörchen.

Sie öffnet es vorsichtig, geht hindurch und schließt es fast lautlos. Der Weg in die Stadt ist nicht lang.

Ganz ruhig und gemächlich geht sie die Bürgersteige entlang in Richtung des alten Marktplatzes.

Der so vertraute Weg führt sie vorbei an der alten Apotheke mit dem gusseisernen Türknauf, an der alten Poststelle und an der Fleischerei, wo sie als Kind immer ein Scheibchen Wurst geschenkt bekommen hat.

Renate muss schmunzeln, als sie durch das große Fenster die Theke sieht. Sie bleibt einen Moment lang stehen und schließt ihre Augen. Dann schmiegt sie ihr Gesicht ganz eng in den Kragen ihrer weichen Wolljacke.

Sie atmet noch einmal die frische Morgenluft ein. Das Atmen fällt ihr so leicht wie schon lange nicht mehr.

Es tut ihr gut, wieder in ihrem Heimatort zu sein. Hier fühlt sie sich wohl und geborgen.

Renate hält noch einen Augenblick inne. Dann öffnet sie ihre Augen langsam wieder und macht sich weiter auf den Weg zum Marktplatz.

Die alte Stadtmauer kann sie von hier aus schon sehen. Und es dauert nicht mehr lange, bis sie endlich dort ist.

Dann wird sie sich auf die große Bank neben dem Tulpenbeet setzen und der Stadt beim Aufwachen zusehen …

Renate ist glücklich. Sie fühlt sich frisch, ausgeruht und entspannt. Sie freut sich auf die vielen schönen Momente, die dieser Tag für sie bereithält …

Suche dir eine Position aus, in der du dich wohlfühlst. Atme tief ein und aus. Schließe deine Augen und komm mit in ein gemütliches Zuhause …

Endlich zu Hause

Nach einem langen und anstrengenden Tag wie heute sehnt sich Sven nach einer heißen Dusche, einem Glas Wein, einem guten Buch und seinem gemütlichen Bett.

Die Aufgaben des Tages haben ihm allesamt ziemlich zu schaffen gemacht. Die heiße Dusche am Abend tut ihm jetzt doppelt so gut wie sonst.

Sven lässt das warme Wasser seinen Rücken herunterlaufen. Für ein paar Minuten steht er da und genießt einfach die Wärme des weichen Wasserstrahls.

Er schließt seine Augen. Seine Schultern entspannen sich. Auch die Muskeln im Nacken und im oberen Rücken fühlen sich immer angenehmer an …

Sven versucht, ruhig und gleichmäßig zu atmen. Mit jedem Atemzug fällt es ihm leichter.

Das warme Wasser auf der Haut fühlt sich gut an. Seine Arme, seine Beine und sein Rücken sind nach der Dusche angenehm warm.

Eingehüllt in ein weiches Badehandtuch geht er ins Schlafzimmer. Er zieht seinen frisch gewaschenen Schlafanzug an und kuschelt sich unter sein weiches Federbett.

Sven schließt seine Augen und atmet ein – und aus, ein – und aus, ein – und aus. In seinem Bett fühlt er sich sehr wohl.

Er wartet noch einen kleinen Augenblick. Langsam öffnet er seine Augen wieder.

Er greift nach dem Glas Wein, das neben dem Bett steht und trinkt einen Schluck. Es fühlt sich gut an, den Wein auf der Zunge zu spüren. Ein wohliges Gefühl macht sich in seinem Bauch bemerkbar …

In dem weichen Bett kann er zur Ruhe kommen. Sein Körper liegt ganz bequem auf der Matratze.

Das Gewicht seiner Arme, seiner Beine und seiner Schultern kann er, ohne darüber nachzudenken, an das Bett abgeben. Es fühlt sich gut an, den Kopf einfach in das Kissen sinken zu lassen und die Gedanken, die ihn über den Tag begleitet haben, nach und nach abzulegen.

Sven nippt noch einmal an seinem Weinglas und genießt den Geschmack in vollen Zügen. Behutsam stellt er das Glas zurück und nimmt sein Buch in die Hand.

Er betrachtet den Buchumschlag. Dann sucht er die Stelle, in der sein Lesezeichen liegt, und klappt das Buch auf.

Er schiebt sein Kissen so zurecht, dass sein Kopf und seine Schultern ganz bequem darauf liegen.

Sven fühlt sich vollkommen zufrieden und entspannt. Die Anstrengungen des Tages sind vergessen, und er kann sich nun auf ein neues Kapitel in seinem Buch freuen …

Suche dir eine Position aus, in der du dich wohlfühlst. Atme tief ein und aus. Schließe deine Augen und stell dir vor, es ist eine laue Sommernacht …

Sternenmeer am Nachthimmel

In lauen Sommernächten legt sich Luisa gerne in den Garten und beobachtet die Sterne am Himmelszelt. In klaren Nächten ist der Nachthimmel immer besonders schön.

Luisa liegt am liebsten mitten auf der grünen Wiese – dort hat sie freie Sicht auf den Himmel und jeden einzelnen Stern.

Sie nimmt die weiche Wolldecke mit nach draußen. Auf ihr fühlt sie sich besonders wohl …

Luisa breitet die Wolldecke auf der Wiese aus. Dann legt sie sich ganz gemütlich darauf. Sie spürt die weiche Wolle in ihrem Rücken. Es fühlt sich sofort vertraut an.

Für einen Moment schließt sie ihre Augen und lässt in Gedanken noch einmal den Tag Revue passieren. Dann konzentriert sie sich vollkommen auf das Hier und Jetzt …

Ihr Blick geht in Richtung Himmel. Luisa schaut in ein Meer aus Millionen von Sternen, die ihr geheimnisvoll zublinzeln.

Ihre Atmung wird ruhiger und gleichmäßig. Es geht ihr gut.

Sie kann die Gedanken des Tages hinter sich lassen und in das wunderbare Sternenmeer eintauchen.

Ihr Körper liegt ganz gerade auf der Wolldecke im Gras. Das Gewicht ihrer Arme und Beine kann sie vollkommen an den weichen Untergrund abgeben.

Luisa spürt, wie sich ihre Schultern entspannen. Das Liegen tut ihr gut.

Mit den Händen streicht sie über das weiche Gras. Es kitzelt zwischen ihren Fingern. Die Grashalme fühlen sich ein wenig kühl an …

Luisa betrachtet den Sternenhimmel. So viele Sterne hat sie selten gesehen. Sie scheinen alle so weit weg zu sein … und doch fühlt sie sich ihnen ganz nah.

Sie atmet ganz ruhig ein – und aus, ein – und aus, ein – und aus. Bei jedem Atemzug entspannt sie sich ein bisschen mehr.

Wie schwerelos liegt sie auf der weichen Decke.

Eine Grille zirpt in einer Ecke des Gartens. Sonst ist es mucksmäuschenstill um sie herum.

Ein lauer Sommerwind fährt über ihre Stirn und ihre Wangen. Auch auf den Unterarmen fühlt es sich an, als würde sie ganz sanft gestreichelt.

Luisa mag dieses Gefühl sehr und schließt noch einmal für einen Moment lang ihre Augen. Sie ist zufrieden und fühlt sich vollkommen entspannt.

Sie spürt noch einmal, wie der Wind ihre Haut streichelt und wie sich die Wolldecke unter ihrem Körper anfühlt.

Bevor sie ihre Augen langsam wieder öffnet, streicht sie mit den Fingern nochmals durch das weiche Gras …

Sie fühlt sich sehr wohl. Sie ist ausgeruht und entspannt.

Suche dir eine Position aus, in der du dich wohlfühlst. Atme tief ein und aus. Schließe deine Augen und stell dir vor, du sitzt in einem gemütlichen Schaukelstuhl …

Herbstbilder

Rebecca sitzt in ihrem Schaukelstuhl und schaut nach draußen in den Garten. Ihr Rücken schmiegt sich an das große weiche Kissen mit dem selbst genähten Bezug.

Ihre Unterarme liegen ganz entspannt auf den Armlehnen. Die Füße wippen leicht im Takt und schaukeln den Stuhl sachte hin und her …

Draußen hat der Herbst begonnen. Die Blätter haben sich gelb, rot und orange verfärbt und wiegen sich im Wind.

Es ist kalt geworden. Rebecca hat sich eine Wolldecke über die Beine gelegt. Die Decke schmiegt sich eng an ihren Körper. Ihr ist angenehm warm.

Sie sieht nach draußen und beobachtet die Bäume. Für Rebecca hat der Herbst etwas Zauberhaftes.

Das Farbenspiel der Blätter fasziniert sie. Es ist wunderschön.

Sie schaut zu, wie einige von ihnen ganz langsam auf die Erde schweben, wie sie sich vorsichtig ihren Platz dort unten am Boden suchen, neben ihren Weggefährten.

Rebecca lehnt ihren Kopf zurück und atmet tief ein und aus. Mit jedem Atemzug fühlen sich ihre Schultern und Arme leichter an. Sie fühlt sich wohl …

Auf dem Tisch neben ihr stehen Kerzen. Die Flammen bewegen sich nur ganz leicht in dem feinen Luftzug, der durch das Zimmer zieht.

Rebecca greift nach ihrer Tasse Tee und nimmt erst vorsichtig eine kleinen, dann einen großen Schluck ihres Lieblingstees. Die Wärme in ihrem Mund und ihrem Bauch zu spüren tut ihr gut …

Für einen Moment lang schließt sie die Augen. Im Zimmer ist es vollkommen still. Nur das Ticken der Wanduhr ist zu hören.

Einmal rauscht der Wind leise vor dem Fenster vorbei. Ansonsten ist es ganz ruhig und friedlich. Rebecca atmet ruhig und gleichmäßig.

Sie stellt die Teetasse wieder auf den Tisch und legt die Hände in den Schoß. Draußen wird es langsam dämmerig.

Das zauberhafte Treiben und Tanzen der Blätter aber geht weiter. Rebecca spürt, dass ihr das lebendige und farbenfrohe Naturschauspiel Kraft gibt.

Sie ist zufrieden, fühlt sich rundum wohl und entspannt …

Noch einmal gibt sie dem Schaukelstuhl ein wenig Schwung und lässt sich gleichmäßig hin- und herschaukeln.

Sie schaut sich noch einmal die bunten Blätter an. Sie beobachtet, wie sie an den Bäumen tanzen.

Dann betrachtet sie das dezente Kerzenlicht, das den Raum mit Wärme erfüllt.

Rebecca nimmt noch einen Schluck Tee aus ihrer Tasse und lehnt sich zurück. Sie schließt die Augen.

Es geht ihr gut. Sie fühlt sich ausgeruht und zufrieden …

Suche dir eine Position aus, in der du dich wohlfühlst. Atme tief ein und aus. Schließe deine Augen und komm mit in einen wunderschönen Garten …

Im Garten

„Nach getaner Arbeit ist gut ruhen …“ – Norbert macht es sich in seinem Liegestuhl bequem.

Den ganzen Tag hat er im Garten Unkraut gejätet, Rasen gemäht, den Zaun repariert und die Hecke geschnitten.

Seinem Rücken hat die Bewegung gutgetan. Aber nun spürt er, dass es an der Zeit ist, sich auszuruhen.

Das Liegen tut ihm gut. In dem vertrauten Liegestuhl fühlt er sich wohl.

Norbert trinkt einen Schluck aus seinem Glas und lässt sich wieder in das Polster sinken. Er atmet einmal tief ein – und wieder aus. Nach und nach entspannen sich seine Muskeln auf der weichen Unterlage.

Er spürt den Halt in seinem Rücken. Die Anspannung in seinen Schultern lässt nach.

Auch das Gewicht seiner Arme und Beine kann er ganz einfach an den Liegestuhl abgeben …

Norbert schließt seine Augen. Um ihn herum ist es still geworden.

Er hört nur das Zwitschern einiger Vögel, die sich über die Regenwürmer freuen.

Die Luft riecht nach gemähtem Gras und frischer Erde. Norbert lässt die Augen noch einen kleinen Moment geschlossen und atmet gleichmäßig ein – und aus, ein – und aus, ein – und aus.

Die Entspannung tut ihm gut. Die Anstrengungen des Tages verfliegen nach und nach, bis er gar nichts mehr davon spürt …

Ganz langsam öffnet er seine Augen. Die Sonne steht schon etwas tiefer am Horizont. Sie scheint aber immer noch von einem strahlend blauen Himmel herab.

Norbert schaut nach links in die frisch geharkten Blumenbeete. Es macht ihn zufrieden, dass sie nun wieder ordentlich aussehen.

Den Tulpen scheint es gut zu gehen. Und auch den Knospen an den Rosensträuchern sieht er an, dass die Rosen alles bekommen, was sie brauchen.

Der Rasen neben den Beeten ist so saftig grün wie schon lange nicht mehr. Norbert nimmt seinen rechten Arm von der Lehne und lässt die Hand in das Gras unter ihm sinken.

Vorsichtig streicht er darüber. Die Grashalme sind weich, die Spitzen kitzeln ein wenig in seinen Handflächen.

Sachte fährt er mit den Fingern hindurch. Norbert mag das Gefühl sehr. Es bringt ihn seinem Garten sehr nah …

Er ist wirklich zufrieden mit seinem Tagewerk. Ruhigen Gewissens dreht er seinen Kopf zurück in eine bequeme Lage und atmet noch einmal tief ein – und aus.

Der Duft des frisch gemähten Rasens steigt ihm in die Nase. Er lauscht noch einmal der angenehmen Stille ….

Es geht ihm gut. Norbert ist zufrieden, er fühlt sich ausgeruht und entspannt …

Suche dir eine Position aus, in der du dich wohlfühlst. Atme tief ein und aus. Schließe deine Augen und komm mit auf eine Reise in seichtes Wasser …

Wasser auf der Haut

Langsam und gemütlich zieht sie ihre Bahnen. Margarete empfindet das Wasser auf ihrer Haut als sehr angenehm. Sie fühlt sich leicht und geborgen.

Es ist sehr früh am Morgen. Neben ihr sind nur zwei weitere Schwimmer im Becken, die geduldig und beharrlich eine Bahn nach der anderen ziehen.

Margarete kennt das Schwimmbad. Seit vielen Jahren kommt sie fast täglich hierher.

Die verschiedenen Muster auf den Kacheln kennt sie wie ihre Westentasche. Die Bewegung im Wasser tut ihrem Körper gut.

Nach dem Schwimmen fühlt sie sich wach, beweglich und voller Kraft. Sie kommt gern hierher.

Im Wasser geht es ihr gut. Schon nach wenigen Schwimmzügen spürt sie, dass sie ihre Schultern nach und nach immer besser bewegen kann.

Ihr Körper fühlt sich im Wasser angenehm leicht an. Fast schwerelos schwebt sie durch das Becken.

Heute Morgen ist die Luft angenehm und nicht zu kalt. Margarete kann im Außenbecken schwimmen – das mag sie besonders gern.

Die Luft tut ihr gut. Sie spürt, wie frei und unbeschwert sie atmen kann.

Sie atmet tief ein – und aus, ein – und aus, ein – und wieder aus.

Am Ende ihrer nächsten Bahn dreht Margarete sich um: Die letzten Bahnen schwimmt sie auf dem Rücken. Sie blickt in den Himmel.

Die Sonne geht langsam auf. Um sie herum ist es schon viel heller geworden. Sie spürt, dass heute ein schöner Tag werden wird.

Bis auf ein paar kleine Schleierwolken strahlt der Himmel in einem freundlichen Blauton.

Sie bewegt sich langsam im Wasser. Ihre Muskeln entspannen sich. Die Bewegungen fallen ihr immer leichter.

Das Wasser trägt sie. Die kleinen Wellenbewegungen an den Beinen, an ihrem Rücken, an ihrem Brustkorb und rund um ihre Arme fühlen sich gut an.

Sie fühlt sich wohl und geborgen. Nichts kann sie aus der Ruhe bringen.

Noch eine Bahnlänge hindurch lässt Margarete sich von dem Wasser tragen.

Dann steigt sie langsam, aber schwungvoll aus dem Becken und hüllt sich in ihr frisch gewaschenes Handtuch. Es ist weich.

Es umhüllt sie mit dem gleichen Gefühl der Geborgenheit, wie es das Wasser gerade noch getan hat.

Margarete genießt diesen Augenblick sehr. Es geht ihr gut. Sie fühlt sich erfrischt und entspannt.

Sie hat neue Kraft für den Tag gesammelt …

Suche dir eine Position aus, in der du dich wohlfühlst. Atme tief ein und aus. Schließe deine Augen und komm mit auf einen ersten Spaziergang im Frühling …

Leises Frühlingserwachen

Auf den Feldwegen liegt noch eine dünne Schneeschicht. Die feinen Kristalle glitzern in der Sonne.

Emmi und Hartmut nutzen die schöne Mittagssonne, um einen ausgiebigen Spaziergang zu machen. Die beiden haben sich in ihre Schals und warmen Jacken gehüllt, Hüte aufgesetzt und sich gerade auf den Weg gemacht.

Schon nach ein paar Metern spüren sie, dass es deutlich wärmer geworden ist. Die Sonne scheint mit ganzer Kraft.

Die Luft ist frisch und duftet wahrhaftig ein wenig nach Frühling. Emmi und Hartmut gehen an den noch leicht mit Schnee bedeckten Vorgärten der Nachbarn vorbei und biegen in den vertrauten Feldweg ein.

Im Sonnenlicht sieht alles auf einmal so verändert aus. Das helle, warme Licht tut ihnen nach den langen Wintertagen besonders gut.

Die beiden gehen den Weg entlang. Rechts und links liegen die Felder. Ganz hinten schaut man auf einen Wald mit Nadelbäumen.

Die Spitzen der Bäume liegen noch weiß gepudert in der Sonne. Auf den Feldern fängt der Schnee bereits an, zu schmelzen.

An den Grashalmen am Wegesrand bilden sich kleine Wassertropfen, die ganz langsam und lautlos auf die Erde fallen.

Emmi und Hartmut bleiben einen Moment lang stehen und genießen den Ausblick. Auch hier an den Feldern ahnt man schon den Frühling. Die frische Luft tut beiden gut.

Emmi atmet tief ein – und aus, ein – und aus, ein – und aus. Das Atmen fällt ihr leicht.

Ihr Brustkorb bewegt sich gleichmäßig. Aus ihren Schultern und Armen verfliegt die Anspannung.

Nach und nach entspannen sich ihre Rückenmuskeln. Es geht

ihr gut. Dankbar und erleichtert lehnt sie ihren Kopf an Hartmuts Schulter.

Die beiden gehen noch ein Stück bis zur nächsten Bank und setzen sich für einen Augenblick. Der Ausblick ist herrlich. Noch einmal atmen sie tief ein – und aus.

Am Rande des Weges neben ihnen entdeckt Hartmut ein kleines Schneeglöckchen. Mit seinen zarten Blüten hat es sich wahrhaftig seinen Weg durch den Schnee erkämpft.

Emmi freut sich sehr über das kleine Naturwunder und schaut sich den weißen Frühlingsboten ganz genau an.

Behutsam schiebt sie den Schnee zur Seite und schaut, ob sich noch mehr Schneeglöckchen darunter befinden. Der Schnee ist kühl, die kleinen Kristalle schmelzen in ihrer Hand.

Und dort, nicht weit weg von dem Schneeglöckchen, entdeckt sie die Knospe von einem blauen Krokus, der aussieht, als würde er bald zu blühen anfangen …

Emmi genießt dieses Bild der beiden Pflänzchen im Schnee sehr. Sie spürt die wärmende Frühlingssonne auf ihrem Rücken. Sie fühlt sich wohl, glücklich und entspannt …

Suche dir eine Position aus, in der du dich wohlfühlst. Atme tief ein und aus. Schließe deine Augen und stell dir vor, du sitzt allein in einem ruhigen Zugabteil…

Auf Schienen durch die Welt

Häuser und Landschaften ziehen an ihm vorbei, gerade ist er an einem alten Bauernhof vorbeigefahren. Günter sitzt in seinem Zugabteil und schaut aus dem Fenster.

Noch ist nicht viel los in dem Zug. Die Räder rattern und holpern gleichmäßig über die Schienen. Er mag dieses Geräusch sehr. Schon seit er ein Kind ist, faszinieren ihn Züge …

Früher wohnte er mit seiner Familie in der Nähe eines Bahndamms. Er verbrachte dort einen großen Teil seiner Freizeit. Das war nicht ganz ungefährlich. Seine Mutter machte sich oft Sorgen. Es ging aber immer alles gut.

Günter lehnt sich entspannt in seinem Sitz zurück. Seine Schultern, sein Rücken und sein Kopf finden an der Lehne sicheren

Halt.

Er schließt seine Augen und stellt sich vor, wie der Zug an den Städten vorbei und durch die Täler fährt.

Die Fahrtgeräusche beruhigen ihn. Er fühlt sich sehr wohl. Er atmet ganz entspannt ein – und aus, ein – und aus, ein – und aus.

Als die Abteiltür leise klappert, macht er seine Augen wieder auf. Der Schaffner bittet freundlich um seine Fahrkarte.

Günter holt seinen Fahrschein aus der Innentasche seiner Jacke und hält ihn dem netten Mann in Uniform hin. Dieser entwertet den Fahrschein und gibt ihn Günter mit einem freundlichen Nicken zurück.

Günter sieht wieder aus dem Fenster und schwelgt in Erinnerungen. Wollte er doch als Kind unbedingt Lokführer oder Schaffner werden.

Wie oft hat er mit alten Fahrkarten seines Großvaters gespielt … Und mit dem Hut seines Vaters …

Er lächelt. Hier im Zug fühlt er sich zu Hause.

Tagelang könnte er hier sitzen und durch die Landschaft fahren. Er schaut aus dem Fenster.

Das Waldstück, durch das der Zug lange Zeit gefahren ist, endet gerade. Eine wunderschöne Lichtung eröffnet die Sicht ins Freie. Günter genießt die hellen Sonnenstrahlen.

In der Ferne kann er die kleinen Städte sehen, die an ihnen vorbeiziehen. Es ist fast Mittag. Das Treiben auf den entfernten Straßen nimmt zu. Hier im Zug bleibt es ruhig …

Günter atmet tief ein und aus. Er lehnt sich wieder zurück und genießt die sanften Bewegungen des Zuges, die er durch die Rückenlehne spürt.

An seinem Fenster ziehen nun Wiesen und Felder vorbei. Er kann unendlich weit sehen …

Günter genießt die Weite. Er schaut ganz ruhig und gelassen hinaus. Er spürt, wie er all seinen Gedanken freien Lauf lassen kann.

Er fühlt sich wohl, ausgeruht und entspannt. Und er wünscht sich, dass diese Fahrt noch lange nicht vorbei sein wird …

Suche dir eine Position aus, in der du dich wohlfühlst. Atme tief ein und aus. Schließe deine Augen und komm mit auf einen wunderschönen See …

In Richtung Horizont

Auf dem Wasser fühlt er sich am wohlsten. Bernd zieht den Reißverschluss seiner Jacke ein wenig höher.

Ein frischer Wind weht ihm um die Nase. Bernd genießt das Gefühl.

Er mag die Weite, die ihn umgibt – das viele Wasser, die unberührten Uferlandschaften und den tiefblauen Himmel.

Die Sonne scheint. Alles um ihn herum ist friedlich.

Schon seit seiner frühen Jugend ist Bernd auf Booten und in Häfen unterwegs. Er kennt die hiesigen Flüsse, Kanäle und Seen wie seine Westentasche.

Dort fühlt er sich geborgen und kann der Natur ganz nahe sein.

Bernd hört den Wind, der ihm um die Ohren streicht. Das Wasser plätschert leise gegen den Bug seines Bootes. Die Geräusche sind ihm wohlvertraut. Sie lösen in ihm ein tiefes Gefühl innerer Ruhe aus.

Er schaut zum Horizont. Alle Gedanken, die ihn vorhin noch beschäftigt haben, kann er für den Augenblick beiseiteschieben.

In seinem Kopf ist jetzt nur noch Platz für das Hier und Jetzt: für die zauberhafte Sonne, die er auf seinen Wangen spürt, für die Unendlichkeit des Horizonts und für die Weite des Wassers.

Er spürt die Kraft der Natur, die seinen Körper belebt – seine Füße, seine Beine, seine Hände und seine Arme.

Sein Rücken fühlt sich kräftig an. Auf ihn wird Bernd sich jetzt wieder einige Zeit verlassen können …

Bernd schließt die Augen und lauscht dem Wind. Er atmet ein – und aus, ein – und aus, ein – und aus.

Die frische Seeluft tut ihm gut. Bevor er seine Augen wieder öffnet, konzentriert er sich noch einen Moment lang auf die Geräusche, die der Wind und das Wasser machen.

In der Ferne krächzen ein paar Vögel. Bernd hört ihnen zu – bis sie zu weit weg sind.

Als er seine Augen wieder öffnet, kommt ihm die Sonne noch viel heller vor als vorher. Alles um ihn herum strahlt in ihrem Licht.

An Backbord kommt ihm weit in der Ferne ein anderes Boot entgegen. Auch ein Segler. Er fragt sich, wohin sein Weg ihn wohl führt …

Bernd schaut sich weiter in aller Ruhe um. Dann entdeckt er noch jemanden. Am sonst verlassenen Ufer sieht er eine Frau, die gerade mit ihrem Hund unterwegs ist.

Er beobachtet die beiden einen Moment lang. Sie wirken sehr vertraut. Auch sie scheinen den Alltag auf ihrem Spaziergang ein Stück weit hinter sich lassen zu können …

Sein Blick geht wieder nach vorne zum Horizont. Die Sonne spiegelt sich glitzernd im Wasser. Ein wunderschönes Bild.

Bernd atmet noch einmal tief ein – und aus, und er genießt den Augenblick. Er ist sehr zufrieden, fühlt sich gut und entspannt. Und er hat neue Kraft gesammelt …

Suche dir eine Position aus, in der du dich wohlfühlst. Atme tief ein und aus. Schließe deine Augen und stelle dir sanftes Kerzenlicht vor …

Das Licht der Kerzen

Es war ein anstrengender und langer Tag. Anna streift sich die Schuhe von den Füßen. Sofort verspürt sie ein Gefühl der Erleichterung.

Das Stehen auf dem glatten Boden fühlt sich gut an. Sie hält einen Moment lang inne und wackelt mit ihren Zehen hin und her.

Die Verspannungen lösen sich … eine nach der anderen.

Anna atmet einmal tief ein – und wieder aus. Dann geht sie ins Wohnzimmer.

Es ist spät am Nachmittag, und draußen dämmert es schon. Anna lässt das grelle Licht aus.

Sie nimmt das Glas mit der großen Kerze aus der Vitrine und stellt es auf den kleinen Tisch. Dann legt sie neue Teelichte in die Kerzengläser auf der Fensterbank und greift nach den Streichhölzern in der obersten Schublade der Schrankwand.

Als sie ein Streichholz entzündet, geht ein Zischen durch den Raum. Für ein paar Sekunden ist es taghell. Die kleine Flamme hat unglaublich viel Kraft.

Ein vertrauter Duft steigt in ihre Nase. Behutsam und geduldig zündet sie ein Teelicht nach dem anderen an.

Mit jedem Licht wird es ein klein wenig heller im Raum.

Für die große Kerze entzündet sie ein weiteres Streichholz. Wieder zischt es.

Anna hält das brennende Streichholz vorsichtig an den Kerzendocht. Schon bald teilt sich die Flamme, sie hat ihren Weg zur Kerze gefunden. Anna pustet das Streichholz aus …

Sie setzt sich in das weiche Polster des Sofas und legt ihre Füße hoch. Anna schließt die Augen und atmet wieder tief ein – und aus.

Sie spürt, wie sich ihre Muskeln nach und nach entspannen. Eine große Erleichterung macht sich in ihr breit.

Die Erinnerungen an die Anstrengungen des Tages verfliegen – Stück für Stück.

Annas Schulterblätter liegen an der Rückenlehne, auch ihren Kopf kann sie dort anlehnen. Sie spürt, dass ihr Rücken leichter wird und die Muskeln entlang der Wirbelsäule aufhören zu schmerzen.

Auch das Gewicht ihrer Beine kann sie ganz an das Sofa abgeben. Ihre Füße liegen locker auf der Unterlage.

Anna ist erleichtert. Sie öffnet die Augen und schaut sich um. Die Flammen der Kerzen bewegen sich ganz sachte und gleichmäßig.

Warm und wunderschön durchflutet das Licht der Kerzen den Raum. Anna fühlt sich sehr wohl in ihrem Zuhause.

Sie zieht die Decke zu sich herüber und legt sie über ihre Beine. Eine ganze Weile noch beobachtet sie das Kerzenlicht.

Alles sieht so friedlich aus. Sie genießt die Ruhe. Anna atmet ganz ruhig ein – und aus.

Sie ruht sich aus. Sie ist zufrieden und entspannt …

Suche dir eine Position aus, in der du dich wohlfühlst. Atme tief ein und aus. Schließe deine Augen und komm mit auf einen Spaziergang durch den Wald …

Ein Sommertag

„Ein wunderbarer Sommertag …“, denkt Hans, während er die Wasserflasche in seinen Rucksack stellt. Er schaut durch das Küchenfenster nach draußen.

Die Rosenblüten im Vorgarten leuchten im hellen Sonnenlicht. Behutsam schließt er den Rucksack und macht sich auf den Weg. Auf den Weg in den Wald …

Obwohl es erst Vormittag ist, hat die Sonne die Luft schon kräftig erwärmt. Hans geht gemütlich, in aller Ruhe.

Die Wärme kann er gut aushalten. Er ist in bester Stimmung. Hans freut sich auf den Tag …

Nicht viele Menschen kommen ihm auf seinem Weg entgegen. Die meisten kühlen sich in diesen Tagen in Schwimmbädern oder Badeseen ab.

Hans hat sich für die schattenspendenden Bäume des Waldes entschieden. Schon von Weitem sieht er ihre saftig grünen Blätter.

Sie wirken frisch und kraftvoll. Hans fühlt sich zu ihnen hingezogen.

Als er näher zum Waldrand kommt, bemerkt er einen frischen und kühlenden Windhauch. Hans holt tief Luft, er atmet ein – und aus, ein – und aus, ein – und aus. Es fühlt sich befreiend an.

In hoffnungsvoller Freude auf das, was ihn im Wald erwartet, geht er weiter.

Im Schutz der Bäume fühlt er sich wohl. Hans empfindet die kühle und feuchte Luft als sehr angenehm.

Er schaut nach oben. Über ihm haben die Bäume des Waldes ihre Baumkronen majestätisch ausgebreitet.

Zwischen einzelnen Blättern blitzen ein paar Sonnenstrahlen hindurch. Ein wunderschönes Bild …

Hans geht sehr vorsichtig über den Waldboden. Er achtet auf die Baumwurzeln und die herabgefallenen Äste.

Je tiefer er in den Wald kommt, desto unberührter sieht die Natur aus. Aufmerksam schaut er sich um. Seine Atmung ist ruhig und gleichmäßig.

Hans kniet sich hin und streicht über die Erde. Sie fühlt sich kühl und ein wenig feucht an.

Er zerreibt ein kleines Stück Erde zwischen seinen Fingern. Ein angenehmer Duft entfaltet sich.

Hans lächelt. Die Bäume haben ihren Waldboden gut und sicher beschützt. Bis hierhin ist die Wärme der Sonne noch nicht durchgedrungen.

Einen Moment hält er inne. Dann steht er wieder auf und geht ein paar Schritte weiter. Er genießt die Waldluft in vollen Zügen.

Mit einem tiefen Atemzug versucht er, so viel wie möglich davon in sich aufzunehmen. Er atmet ein – und aus, ein – und aus, ein – und aus.

Hans spürt, dass ihm die Luft guttut. Sein Körper fühlt sich kraftvoll und lebendig an.

Nach und nach entspannen sich die Muskeln in seinen Schultern, in seinen Armen und in seinem Rücken.

An einem Baum mit einem sehr schönen und dicken Stamm macht er eine Rast.

Er setzt sich gemütlich auf den davorliegenden Waldboden und lehnt sich mit dem Rücken an den kräftigen Baumstamm.

Hans nimmt einen großen Schluck aus seiner Wasserflasche. Das Wasser tut ihm gut.

Er spürt, wie ihn das kühle Nass von innen erfrischt. Eine ganze Weile bleibt er ruhig sitzen und hört auf die Geräusche des Waldes.

Hier geht es ihm gut. Er fühlt sich frisch, ausgeruht und entspannt …

Suche dir eine Position aus, in der du dich wohlfühlst. Atme tief ein und aus. Schließe deine Augen und komm mit auf eine Reise in einen Konzertsaal …

Symphonien

Im Saal ist es still geworden. Man könnte eine Stecknadel fallen hören.

Nina sitzt ganz bequem in ihrem weichen Sessel. Die Beine hat sie locker übereinandergeschlagen. Der Vorhang vor der Bühne ist noch geschlossen.

Sie atmet ruhig und gleichmäßig. Nina freut sich sehr auf das bevorstehende Konzert … auf die von ihr so geliebten Melodien der Streicher. Die kräftigen Töne der Posaune. Den festlichen Klang der Trompeten. Auf die Trommeln, die mal bestimmt und mal ganz sanft klingen können …

Der Duft im Konzertsaal ist ihr seit Langem vertraut. Sie überlegt, wie oft sie wohl schon hier gewesen ist.

Nina beobachtet den Vorhang. Als er sich langsam und fast lautlos öffnet, spürt sie, wie ihr Herz ein wenig schneller klopft. Hier fühlt sie sich wohl.

Hier kann sie sich vollkommen entspannen. Hier darf sie ankommen …

Die Musiker werden mit einem warmen, herzlichen Applaus empfangen. Nina spürt ein leichtes Kribbeln auf ihrer Haut – in ihrem Nacken, an ihrem Rücken und an ihren Oberarmen.

Beim Klatschen gibt sie ihrer Freude vollen Ausdruck. Ihre Arme fühlen sich angenehm leicht an. Ihre Gelenke lassen sich locker und schmerzfrei bewegen. Ninas Hände sind angenehm warm …

Die ersten Töne erklingen. Sie erkennt die Melodie. Nina schmiegt sich an die Lehne ihres Sessels und gibt sich ganz der Musik hin.

Ihre Unterarme liegen ganz entspannt auf den Armlehnen. Es ist ein befreiendes Gefühl. Auch ihre Schultern fühlen sich ganz leicht an.

Nina sitzt einfach da und genießt den schönen Augenblick. Sie denkt nicht an das, was den Tag über war. Auch nicht an das, was nachher ist. Sie hört nur die Musik …

Sie erinnert sich an Momente ihres Lebens, zu denen die Töne des Orchesters passen. Es sind schöne Augenblicke – mal laute, mal leise, stimmungsvolle und auch ganz unscheinbare …

Sie sieht Bilder, an die sie schon lange nicht mehr gedacht hat.

Nina lächelt, sie ist vollkommen zufrieden. Inmitten der Musik geht es ihr gut.

Nina ist vollkommen entspannt. Sie atmet gleichmäßig ein – und aus, ein – und aus, ein – und aus.

Sie fühlt sich wohl. Und sie ist sehr dankbar für die wunderschönen Melodien des heutigen Abends.

Schließlich spielt das Orchester den letzten Ton. Nach dem abklingenden warmen Applaus bleibt sie noch einen Moment im Saal sitzen. Es geht ihr gut.

Sie ist zufrieden und vollkommen entspannt …

Suche dir eine Position aus, in der du dich wohlfühlst. Atme tief ein und aus. Schließe deine Augen und stell dir das Gefühl von weicher Wolle auf deiner Haut vor…

Geborgen wie früher

Zwischen ihren Fingern fühlt sich die Wolle angenehm weich an. Gerda steht vor dem Kleiderschrank und hält ihre selbst gestrickte Jacke in der linken Hand.

Mit der Rechten streicht sie behutsam darüber. Die Wolle ist auch nach all den Jahren noch so wunderbar weich …

Ein leises Lächeln liegt auf ihrem Gesicht. Gerda liebt diese Jacke.

Ihre Schwester hat sie ihr vor vielen Jahren zum Geburtstag geschenkt. Seitdem ist sie ihr ständiger Begleiter.

Gerda nimmt die Jacke vorsichtig vom Bügel, hängt ihn weg und hält die dicke, weiche Wolljacke nun in beiden Händen.

Sie drückt sie fest an ihre Brust und vergräbt ihr Kinn ganz tief in dem weichen Knäuel.

Ein vertrauter Duft … Gerda fühlt sich mit der Strickjacke im Arm sehr wohl.

Sie drückt sie noch einmal an sich und zieht sie dann behutsam über.

Die weiche Wolle gleitet über ihre Hände.

Als sie die Fasern auf ihrem Handrücken spürt, läuft ein sanfter Schauer von ihrem Nacken aus über ihre Oberarme, ihre Unterarme bis in ihre Fingerspitzen.

Gerda schließt die Augen …

Sie spürt eine angenehme Wärme auf der Haut, die nach und nach in ihren Körper wandert. Sie atmet einmal tief ein – und wieder aus.

Gerda fühlt sich sehr wohl in der weichen Jacke. Ihre Schultern werden leichter. Die Anspannungen in ihrem Rücken klingen langsam ab.

Sie hat das Gefühl, viel besser atmen zu können.

Gerda verschränkt die Arme vor ihrem Bauch und geht langsam zum Fenster. Draußen ist es dämmerig geworden.

Im Fenster der Nachbarin steht eine Kerze, deren Flamme ganz leicht flackert.

Gerda bleibt einen Augenblick dort stehen und beobachtet das Kerzenlicht. Sie fühlt sich gerade sehr geborgen.

Die weiche Wolle auf ihren Schultern gibt ihr Halt und Schutz.

Sie spürt, dass ihr die Ruhe, die sie umgibt, guttut. Alles ist friedlich und still …

Gerda streicht sich mit der Hand über ihren rechten Oberarm. Wie sorgfältig und gleichmäßig das Muster des Ärmels gestrickt ist. Und wie sanft sich die Wolle anfühlt.

Sie erinnert sich noch daran, wie leicht der Wollfaden durch die Hände ihrer Schwester lief. Beim Stricken hat sie ihr oft zugeschaut.

Sie hat das leise Klackern der Stricknadeln sehr gerne gehört. Oft hat sie stundelang neben ihrer Schwester gesessen und ihr Gesellschaft geleistet.

Gerda lächelt wieder. Sie freut sich über die schönen Erinnerungen, die ihr die Strickjacke immer und immer wieder schenkt.

Befreit atmet sie wieder tief ein – und aus.

Ihr Blick wandert noch einmal zu der kleinen Flamme, die sich immer noch ganz leicht und gleichmäßig bewegt.

Gerda geht es gut. Sie spürt eine tiefe innere Ruhe und Zufriedenheit. In der weichen Jacke fühlt sie sich sicher und geborgen …

Suche dir eine Position aus, in der du dich wohlfühlst. Atme tief ein und aus. Schließe deine Augen und komm mit in einen Raum voller Erinnerungen …

Erinnerungen

Ein frischer Windhauch weht ihr entgegen. Emmi hat das Dachfenster einen Spaltbreit geöffnet.

Sie spürt den kühlen Luftzug auf ihren Wangen. Draußen duftet es nach Frühling *[Sommer, Herbst, Winter]*. Die Sonne hüllt den Dachboden in ein helles Licht.

Sie sieht sich um. Lange schon ist sie nicht mehr hier oben gewesen. Alles liegt noch so an seinem Platz, wie sie es verlassen hat.

Es ist ein vertrautes Bild. Emmi spürt eine leichte Gänsehaut auf ihren Armen. Sie streicht sich über die Oberarme.

Alles hier ist mit so vielen Erinnerungen verbunden … Die Möbel. Die Bilder. Die alten Briefe auf dem Sekretär unter dem Fenster.

Emmi ist so überwältigt, dass sie gar nicht weiß, was sie sich zuerst anschauen soll.

Sie geht zum Sekretär und setzt sich in ihren alten Stuhl. Hier fühlt sie sich geborgen. Ein Gefühl tiefer Verbundenheit mit diesem vertrauten Möbelstück macht sich in ihr breit.

Vorsichtig streicht sie über das glatte Holz der Tischplatte. Es fühlt sich noch genauso an wie früher.

Auch die kleinen Rillen sind alle noch an ihrem Ort. Sie mag den warmen Braunton. Immer und immer wieder fährt sie in sanften kreisenden Bewegungen über die Oberfläche.

In ihr stellt sich ein tiefes Gefühl der Ruhe ein. Sie atmet gleichmäßig ein – und aus.

Emmis Blick wandert über den Sekretär. Das Sonnenlicht fällt auf die kleinen Schubladen, in denen sie ihr altes Briefpapier und ihren Füllfederhalter aufgehoben hat. Die goldenen Griffe glänzen im Licht.

Vorsichtig zieht sie eine der Schubladen auf. Sie mag das Geräusch, das die Schublade beim Herausziehen macht.

Sie erinnert sich an die vielen Male, in denen sie sie geöffnet und wieder geschlossen hat.

Es ist ein beruhigendes Gefühl, dass die Dinge, die ihr wichtig sind, dort gut und sicher aufgehoben sind.

Emmi atmet tief ein …

Den Duft der Holzmöbel, des Briefpapiers und der frischen Luft empfindet sie als sehr angenehm. Sie spürt, wie befreiend es ist, sich in dem Stuhl anzulehnen. Die Anspannungen in ihrem Rücken verfliegen nach und nach …, bis sie fast nicht mehr da sind.

Behutsam nimmt sie den Füllfederhalter aus der Schublade und dreht den Deckel ab. Dann nimmt sie einen Bogen Briefpapier und legt ihn behutsam vor sich hin.

Sie zögert … Ob der Füller noch schreibt? Vorsichtig setzt sie die Feder aufs Papier und fängt an, einen Bogen zu ziehen.

Die dunkelblaue Tinte wird sofort von dem Papier aufgesogen. Emmi lächelt. Sie ist gerührt.

Etwas zögerlich schreibt sie das erste Wort. Dann ein weiteres. Dann einen Satz.

In ihr breitet sich ein Gefühl voller tiefer innerer Zufriedenheit und Dankbarkeit aus. Es fühlt sich an, als sei sie noch immer das junge Mädchen, das seinen ersten eigenen Brief an die beste Freundin schreibt.

Emmi geht es gut. Sehr gut.

Sie sitzt noch immer glücklich über dem Briefpapier, als die Sonne anfängt, unterzugehen …

Suche dir eine Position aus, in der du dich wohlfühlst. Atme tief ein und aus. Schließe deine Augen und genieße die Abendstimmung…

Abendstimmung

Das leise Klirren der Weingläser hallt noch lange nach. Lisa und Frank sitzen in ihrem Lieblingslokal und haben gerade angestoßen.

Heute ist Franks Geburtstag. Lange haben sich die beiden auf diesen Abend gefreut.

Sie sitzen nebeneinander an dem runden Tisch und schauen in den Schlossgarten. Er ist wunderschön.

Die weißen Skulpturen werden von der Abendsonne in ein warmes Licht gehüllt. Die Wege mit den hellen Kieselsteinen liegen ganz gerade und ordentlich zwischen den Beeten.

Lisa schaut Frank an. Er lächelt und nimmt ihre Hand.

Sein Lächeln tut ihr gut. In seiner Nähe fühlt sie sich sicher und geborgen. Und dankbar.

Wenn er ihre Hand nimmt, hat sie das Gefühl, dass ihr nichts passieren kann. Eine ganze Weile bleiben sie so – geben einander Halt und genießen den Augenblick.

Lisa atmet tief ein … Es duftet nach Rosenbeeten und frischer Erde.

Die Luft ist noch angenehm warm, beiden genügt eine leichte Jacke über den Schultern.

Um sie herum ist es ruhig. Auf ihrem Tisch brennt eine dunkelrote Kerze. Ihre Flamme wird von einem schlichten Glas geschützt.

Frank bricht ein Stück von dem frisch gebackenen Brot ab, das der Kellner ihnen zum Wein gereicht hat.

Die Kruste ist knusprig, das Brot innen locker leicht. Ein verlockender Duft entfaltet sich.

Frank genießt jeden Bissen, es schmeckt wunderbar. In seinem Bauch stellt sich ein beruhigendes Gefühl ein.

Frank atmet ein – und aus. Er ist vollkommen zufrieden. Entspannt lehnt er sich zurück und streckt seine Beine aus.

Die Sonne gleitet langsam in Richtung Horizont. Die weißen Skulpturen, die gerade noch in einem warmen Gelbton angeleuchtet wurden, schimmern jetzt in sanftem Rot.

Auch Lisa lehnt sich zurück und beobachtet, wie die Sonne die Welt um sie herum in eine angenehme Abendstimmung hüllt.

Ein paar Vögel hüpfen noch über die Wiese. Nach und nach ziehen sie sich zurück und fliegen in die Baumkronen.

Lisa spürt, dass sich auch in ihr eine angenehme Ruhe breitmacht. Sie empfindet eine tiefe Dankbarkeit für diesen Moment.

Wieder schaut sie Frank an. Er sieht zufrieden aus. Seine Gesichtszüge sind ganz weich und entspannt.

Eine Weile betrachtet sie ihn. Dann schaut sie wieder in Richtung Sonne, die jetzt tiefrot am Horizont steht.

Es wird dämmrig um sie herum. Das Licht der Kerze hat in der Dämmerung an Kraft gewonnen und taucht den liebevoll gedeckten Tisch in ein wunderbares, warmes Licht …

Wieder nimmt Frank Lisas Hand. Die beiden schauen sich an. Es geht ihnen gut.

Noch eine ganze Weile sitzen sie dort und beobachten die Sonne, wie sie ganz langsam am Horizont verschwindet …

Suche dir eine Position aus, in der du dich wohlfühlst. Atme tief ein und aus. Schließe deine Augen und stell dir einen roten Luftballon vor …

Der rote Luftballon

Ganz leise und unscheinbar schwebt er durch die Luft. Torsten hätte den Luftballon fast gar nicht bemerkt.

Nur durch einen Zufall hat er nach oben geschaut – und ihn dann sofort gesehen.

Ein roter Ballon mit einer dünnen Schnur schwebt schwerelos über dem Gehweg.

Torsten schaut sich um. Es ist niemand zu sehen, dem der Ballon gehören könnte.

Er bleibt stehen und beobachtet die langsamen Bewegungen des Ballons. Es ist fast kein Wind zu spüren. Der Ballon scheint es nicht eilig zu haben.

Torsten erinnert sich an einen schönen Tag in seiner Kindheit, der ihm bis heute im Gedächtnis geblieben ist. Damals ging er mit seinem Vater das erste Mal auf den Rummel.

Es war genauso ein schöner Tag wie heute. Die Luft war angenehm warm, und die Sonne schien von einem blauen Himmel herab.

Torsten erinnert sich noch ganz genau, wie ihn die vielen Farben und Lichter auf dem Rummel sofort in ihren Bann zogen.

Fasziniert von ihrer Schönheit lief er an der Hand seines Vaters die Wege entlang und konnte sich gar nicht sattsehen.

Der kleine Junge war vollkommen zufrieden.

Er wollte keine Zuckerwatte essen und nicht mit dem Riesenrad fahren. Auch nicht ins Karussell oder mit Bällen auf Dosen werfen.

Er weiß noch, dass er mit seinem Vater ganz lange auf einer Bank saß und sich den Stand mit den Luftballons anschaute.

Die Ballons bewegten sich sacht im Wind – so wie der rote Ballon heute, der immer noch ganz in seiner Nähe schwebt …

Sein Vater schenkte ihm damals einen roten Ballon.

Bei diesem Gedanken muss Torsten lächeln. Er war so glücklich über den Ballon. Sein Vater befestigte das Band an seinem Handgelenk, damit der Ballon nicht wegfliegen konnte.

Obwohl es festgebunden war, hielt er das Band fest in seiner Hand. Und er war sehr, sehr stolz.

An diesem Tag hatte er nur noch Augen für seinen Ballon …

Torsten spürt eine leichte Gänsehaut auf seinen Unterarmen. Vorsichtig streicht er mit der rechten Hand darüber.

Er ist mit einem Mal ganz ruhig geworden. Befreit und gleichmäßig atmet er ein – und aus.

Immer noch beobachtet er den roten Ballon. Und es macht ihm gar nichts aus, dort auf dem Gehweg zu stehen und das Leben an sich vorbeilaufen zu lassen.

Die Anspannungen, die er gerade noch in seinen Schultern spürte, haben sich gelöst. Die Ruhe tut ihm gut …

Noch eine Weile steht er dort und beobachtet den roten Ballon, der ganz langsam weiterzieht.

Es scheint, als wolle der Ballon noch lange von ihm gesehen werden. Erst als Torsten sich von dem Ballon verabschiedet, fliegt er gemächlich um die nächste Häuserecke.

Torsten lächelt. Er atmet noch einmal tief ein – und wieder aus.

Dankbar für diese Begegnung geht er weiter. Die Momente mit dem Ballon und die Erinnerungen an früher haben ihm Kraft gegeben. Es geht ihm gut …

Suche dir eine Position aus, in der du dich wohlfühlst. Atme tief ein und aus. Schließe deine Augen und setz dich in Gedanken bequem auf eine Schaukel …

Durch die Lüfte

Ein feiner Windhauch streicht über ihre Nase. Judith spürt in ihrem Nacken, wie sich ihre langen Haare ganz sacht vor- und zurückbewegen.

Sie überlegt, wie lange sie wohl schon nicht mehr auf einer Schaukel gesessen hat …

Die Schaukel steht auf einer grünen Wiese. Um sie herum ist nichts als saftig grünes Gras. Am hellblauen Himmel ist keine Wolke zu sehen.

Judith bewegt ihre Beine ganz gleichmäßig vor und zurück. Sie genießt es sehr, so unbeschwert in der Luft zu schweben.

Alle unnötigen Gedanken verschwinden nach und nach. Sie fühlt sich vollkommen frei. Fast schwerelos gleitet sie über die grüne Wiese …

Die frische Luft ist warm und fühlt sich angenehm an. Judith trägt eine offene weiße Seidenbluse, die mit der Schaukelbewegung sanft vor- und zurückgleitet.

Die leichte Seide schmiegt sich ganz weich an ihre Arme. Die offene Bluse flattert sanft wie ein Schmetterling über das Gras.

Judith atmet gleichmäßig und ruhig ein – und aus, ein – und aus, ein – und aus.

Sie beobachtet, wie der feine Seidenstoff an ihr vorbeifliegt, wenn sie nach hinten schaukelt.

Und wie er mit dem Wind sachte wieder zurückschwebt, sobald sie die Beine ausstreckt.

Eine ganze Weile betrachtet sie das sanfte Flattern des zarten Stoffes. Es fühlt sich an, als sei sie in einen feinen weißen Schleier gehüllt.Judith fühlt sich wohl auf der Schaukel. Der Sitz ist bequem. Ihre Beine baumeln ganz locker in der Luft.

Ihre Schultern fühlen sich leicht und entspannt an. Es ist ein unbeschwertes Gefühl.

Sie genießt die Leichtigkeit, die sie in der lauen Luft umgibt.

Die Wiese, auf der die Schaukel steht, verzaubert Judith. Um sie herum ist alles wunderbar grün.

Das Gras sieht frisch und weich aus. Eine schier endlose Weite umgibt sie.

Erst ganz hinten am Horizont tauchen ein paar Bäume auf. Sie sehen aus wie gemalt.

Judith schaukelt gleichmäßig hin und her …

Sie legt den Kopf in den Nacken und schaut in Richtung Himmel. Sie freut sich über das freundliche, helle Blau. Es sieht sehr friedlich aus.

Judith spürt, dass sich in ihrem Körper eine tiefe innere Zufriedenheit breitmacht. Es ist ein angenehmes Gefühl.

Noch einmal atmet sie tief ein – und wieder aus. Ihre Arme und ihre Beine fühlen sich leicht und ausgeruht an.

Sie nimmt noch einmal Schwung und gleitet schwerelos durch die Luft. Die weiche Seidenbluse schwebt sanft hinter ihr her …

Es geht ihr gut. Sie hat neue Kraft für den Tag gesammelt, ist ausgeruht und entspannt.

Zufrieden bleibt sie noch eine Weile auf der Schaukel sitzen, bis sie so weit ausgeschaukelt hat, dass sie das weiche Gras wieder unter ihren Füßen spürt …

Suche dir eine Position aus, in der du dich wohlfühlst. Atme tief ein und aus. Schließe deine Augen und stell dir vor, du sitzt auf einem gemütlichen Wohnzimmerteppich …

Kugeln aus Glas

Das gleichmäßige Klackern der bunten Glaskugeln weckt bei Jakob viele schöne Erinnerungen an seine Kindheit.

Vorsichtig lässt er die Murmeln aus dem dunkelblauen Stoffsäckchen gleiten. Er achtet sehr darauf, dass ihm keine wegrollt. Behutsam schiebt er sie nah zusammen.

Jakob sitzt mitten im Wohnzimmer seines Elternhauses – ganz gemütlich auf dem Teppich.

Hier hat er sich früher schon immer wohlgefühlt.

Um ihn herum kommt ihm alles sehr vertraut vor: die Schränke, die Stühle, die Bilder an der Wand, die Bücher im Regal, der große Tisch …

Fast nichts hat sich verändert. Jakob schaut sich langsam im Raum um. Er verspürt eine tiefe innere Ruhe.

Seine Atmung ist langsam und gleichmäßig.

Nach einer Weile schaut er wieder auf die Murmeln. Sie liegen neben dem Teppich auf dem Parkettboden.

Mit seinen Fingerspitzen fährt er über ihre Oberfläche. Sie fühlt sich glatt und etwas kühl an.

Dann legt er seine rechte Hand auf die Glasmurmeln, die er gerade sorgfältig zusammengeschoben hat. In seiner Handfläche spürt er deutlich die Rundungen der einzelnen Kugeln.

Einen Augenblick bleibt er ganz ruhig sitzen. Dann nimmt er drei Murmeln in die Hand – eine blaue, eine grüne und eine durchsichtige mit kleinen Luftbläschen. Er schaut sie sich an …

Ihre Oberfläche ist fast durchgehend glatt. Nur auf der blauen Murmel kann man einige wenige Macken erkennen.

Jakob erinnert sich, dass er die blaue früher besonders gern hatte. Er schmunzelt: Das Spielen scheint Spuren hinterlassen zu haben …

Mit den Erinnerungen breitet sich ein tiefes Glücksgefühl in ihm aus. Er schließt seine Hand und hält die Murmeln ganz fest.

Langsam werden sie warm. Es ist ein schönes, beruhigendes Gefühl.

Jakob hält einen Moment inne und schließt seine Augen. Er atmet gleichmäßig ein – und aus, ein – und aus, ein – und aus. Der Griff seiner Hand lockert sich. Sie entspannt sich allmählich.

Jakob spürt, wie nach und nach alle Verspannungen aus seinem Körper weichen. Es fühlt sich gut an. Befreit …

Langsam und behutsam fängt er an, die Murmeln in seiner Hand zu bewegen. Er rollt sie vor … und wieder zurück. Vor … und zurück.

Dann bewegt er sie vorsichtig im Kreis.

Es geht ihm gut. Noch eine Weile bleibt er mit den Murmeln in der Hand sitzen.

Sein Blick gleitet noch einmal über die Möbel und den Teppich. Dann über die Bücher und die Bilder an der Wand. Er ist zu Hause.

In ihm breitet sich ein beruhigendes Gefühl tiefer Vertrautheit aus. Er fühlt sich gut – angekommen und entspannt …

Suche dir eine Position aus, in der du dich wohlfühlst. Atme tief ein und aus. Schließe deine Augen und komm mit auf eine Reise ans Lagerfeuer …

Melodien am Lagerfeuer

Auf ihren Unterarmen spürt sie die angenehme Wärme des Feuers. Lena genießt diesen Augenblick ganz besonders.

Ihre Augen sind geschlossen, ihre Gesichtszüge sind entspannt. Sie atmet ruhig und gleichmäßig ein und aus …

Das Lagerfeuer knistert leise. Lena hört die vertrauten Stimmen ihrer Freunde, die mit ihr um das Feuer herumsitzen.

Eine angenehme Wärme umgibt sie. Sie spürt, wie sich die Wärme gleichmäßig in ihrem Körper ausbreitet …

… in den Füßen, in ihren Beinen, im Bauch, in den Armen, in ihren Fingern.Auf der weichen Decke kann sie ganz gemütlich sitzen. Ihre Beine hat sie angewinkelt.

Mit den Armen hält sie sie fest umschlungen. Die Wärme tut ihr gut.

Lena hört dem Feuerknistern zu. Es beruhigt sie. Gleichmäßig atmet sie ein – und aus, ein – und aus, ein – und aus.

Auch mit geschlossenen Augen nimmt sie die Bewegungen der Flammen wahr. Sie flackern nur ein kleines bisschen.

Ihre Wangen sind angenehm warm. Sie fühlt sich wohl.

Lena lässt ihre Augen noch einen Augenblick lang geschlossen. Dann öffnet sie sie langsam ….

Das Lagerfeuer ist noch schöner, als sie es sich hätte vorstellen können. Beim Anblick der orange-roten Flammen empfindet sie ein tiefes Glücksgefühl.

Sie erkennt die Gesichter ihrer Freunde, in denen sich die Bewegungen des Feuers spiegeln.

Hier fühlt sie sich sicher. Hier fühlt sie sich zu Hause …

Lena beobachtet die anderen, wie sie sich unterhalten oder auch einfach nur beisammensitzen. Alles ist friedlich.

Zwischen dem leisen Gemurmel und dem Knistern des Feuers hört sie, wie jemand ein Abendlied summt. Sie lächelt. Es hört sich schön an. Die Stimme klingt warm.

Lena spürt, wie leicht ihre Schultern geworden sind. Auch ihre Rückenmuskeln fühlen sich entspannt an. Sie atmet ganz ruhig …

Zufrieden betrachtet sie das Feuer, das ihr immer noch seine Wärme schenkt.

Das Summen ist ein wenig deutlicher geworden. Andere haben in die Melodie mit eingestimmt.

Lena streckt ihre Beine aus und stützt sich mit den Armen auf der Decke ab. Allmählich fängt sie an, mitzusummen. Erst ganz leise, dann ein wenig kräftiger.

Sie spürt, wie ihre Stimmbänder sanft vibrieren. Es fühlt sich gut an …

Wieder lächelt Lena. Ihr Blick geht noch einmal durch die Runde.

Sie blickt in freundliche, vertraute Gesichter. Alle scheinen sich wohlzufühlen.

Die Flammen des Lagerfeuers versprühen Licht, Kraft und Wärme. Und auch Lena hat neue Kraft gesammelt.

Ihr Körper fühlt sich entspannt und ausgeruht an.

Sie atmet noch einmal tief ein – und aus. Dann stimmt sie wieder in das gemeinsame Summen des Abendliedes mit ein …

Suche dir eine Position aus, in der du dich wohlfühlst. Atme tief ein und aus. Schließe deine Augen und stell dir vor, es ist bald Weihnachten …

Bald ist Weihnachten

Plätzchenduft erfüllt den Raum. Maria lehnt an der Wohnzimmertür.

In ihrer Hand hält sie eine Tasse mit heißem Tee. Gerade hat sie das letzte Blech aus dem Ofen geholt. Es duftet herrlich.

Einen Moment lang bleibt sie dort stehen und lehnt ihren Kopf an den Türrahmen.

Sie spürt, wie ihre Atmung ruhiger wird. Ein zufriedenes Lächeln legt sich über ihr Gesicht.

Am Tannenbaum hängen schon die Strohsterne und die Weihnachtskugeln. Nicht mehr lange, dann ist das Warten vorbei …

Maria geht zu ihrem Sessel und setzt sich. Sie atmet auf. Nach dem langen Stehen tut ihr das Sitzen gut.

Mit der rechten Hand fährt sie behutsam über das Polster. Es fühlt sich angenehm an. Vertraut …

Sie spürt, wie sich ihre Rückenmuskeln nach und nach entspannen.

Erst werden die Schultern leichter. Dann entspannt sich ihr Nacken. Und nach und nach nimmt sie ein erleichtertes Gefühl entlang ihrer Wirbelsäule wahr.

Sie nimmt einen Schluck Tee aus ihrer Tasse …, lehnt ihren Kopf zurück und schließt die Augen.

Der warme Tee gleitet ganz behutsam in ihren Bauch. Sie spürt, wie sich seine Wärme in ihrem Körper ausbreitet …

Zu dem Plätzchenduft gesellt sich der Duft nach frischem Tannengrün. Es duftet nach Weihnachten.

Maria geht es gut. Sie mag Weihnachten.

Sie stellt sich vor, wie die Kerzen in ein paar Tagen am Baum brennen …, wie die Augen ihrer Enkelkinder leuchten werden …, wie schön die Zeit mit ihrer Familie sein wird.

Eine Weile bleibt sie so in ihrem Sessel sitzen. Ihre Atmung ist ganz ruhig und gleichmäßig. Sie atmet ein – und aus, ein – und aus, ein – und aus.

In der Küche läuft leise das Radio. Maria hört die vertrauten Melodien. Sie spielen Weihnachtslieder. Tiefe Zufriedenheit macht sich in ihr breit. Sie spürt die Unbeschwertheit und die Freude, die sie als Kind schon immer an Weihnachten gespürt hat …

Langsam öffnet sie ihre Augen. Sie schaut aus dem Fenster.

In einer durchsichtigen Glaskugel leuchtet eine kleine Kerze. Ihr Licht spiegelt sich in der Fensterscheibe.

Draußen ist es bereits dunkel. Die Lichter in den Fenstern der umliegenden Häuser machen die Dunkelheit in der Weihnachtszeit besonders schön.

Einen Moment lang beobachtet sie die Kerze im Fenster – und die Lichter draußen …

Dann wandert ihr Blick noch einmal zum geschmückten Weihnachtsbaum.

Maria spürt eine tiefe innere Zufriedenheit. Sie ist vollkommen entspannt.

Sie atmet tief ein – und aus. Alles ist vorbereitet.

Maria freut sich auf die Weihnachtstage.

Sie trinkt noch einen Schluck warmen Tee. Dann lehnt sie sich wieder zurück und lauscht den weihnachtlichen Melodien …

Suche dir eine Position aus, in der du dich wohlfühlst. Atme tief ein und aus. Schließe deine Augen und komm mit auf eine Fahrt in einer Pferdekutsche …

Kutschfahrt ins Glück

In der Pferdekutsche duftet es nach Leder und Heu. Jochen mag den Geruch.

In ruhigem und gemütlichem Schritttempo ziehen die Pferde ihre Kutsche die Wege entlang.

Für Jochen und seine Frau Anne geht ein lang gehegter Wunsch in Erfüllung: einmal in einer richtigen Pferdekutsche sitzen und über die Lande fahren …

Der Kutscher ist ein freundlicher Mann. Er sitzt gelassen da und hält die Zügel locker in seinen Händen.

Jochen fühlt sich sehr wohl. Er spürt Annes Schulter an seiner. Es ist ein vertrautes Gefühl, das ihn aufatmen lässt. Er lächelt …

Es ist Nachmittag. Die Sonne neigt sich langsam dem Horizont entgegen.

Ein leichter Windhauch streicht über Jochens Wangen … über seine Stirn … durch seine Haare. Der Wind ist lauwarm.

Jochen schließt seine Augen. Er atmet ruhig und gleichmäßig ein – und aus, ein –und aus, ein – und aus.

Neben dem Hufgetrappel und den Fahrgeräuschen der Räder hört er Vogelgezwitscher.

Es kommt aus den Bäumen und Sträuchern, an denen sie vorbeifahren. Jochen hört den Vögeln eine Zeit lang zu. Ihr Zwitschern kling freundlich und unbeschwert …

Jochen spürt, dass seine Schultern allmählich immer leichter und leichter werden. Auch die Muskeln in seinem Rücken entspannen sich.

Er sitzt weich. Die Sitze sind gemütlich. Hier lehnt er sich gerne an. Seine Füße stehen locker auf dem Boden.

Die Kutsche schaukelt ein wenig. Es ist ein angenehmes Gefühl.

Jochen genießt noch einen Moment lang die sanften Bewegungen, mit der die Kutsche Anne und ihn den Weg entlangfährt. Dann öffnet er vorsichtig seine Augen.

Der Himmel ist blau. Ein paar kleine Schleierwolken sind zu sehen. Es ist ein schönes Bild, das er sich gerne ansieht. Alles wirkt friedlich …

Zwischen den Bäumen am Wegesrand blitzt immer wieder die Sonne hindurch. Jochen fühlt sich sehr wohl.

Das Grün der Blätter sieht frisch und saftig aus. Der Regen in der letzten Woche scheint den Bäumen gutgetan zu haben.

Jochen ist vollkommen ruhig und entspannt …

Die Schulter seiner Frau zu spüren, gibt ihm Sicherheit. Es gibt niemanden, mit dem er diesen Augenblick lieber teilen möchte.

Jochen legt seine Hand auf ihre. Ihre Haut fühlt sich weich an. Warm. Vertraut …

Noch eine ganze Weile genießen sie die Zeit in der Kutsche.

Das Hufgetrappel …, das gleichmäßige Drehen der Räder …, den Duft von Leder und Heu …, die Sonne, die immer wieder zwischen den Bäumen hindurchblitzt …, das sanfte Schaukeln der Kutsche …, die Zweisamkeit.

Jochen geht es gut. Glücklich, zufrieden und entspannt fahren sie, bis die Sonne anfängt, hinter den Bäumen zu verschwinden …

Suche dir eine Position aus, in der du dich wohlfühlst. Atme tief ein und aus. Schließe deine Augen und komm mit auf eine Blumenwiese …

Federleicht durchs Blütenmeer

Die zarten kleinen Blüten streicheln über ihre Handflächen. Paula genießt das leichte Kitzeln auf ihrer Haut. Ganz langsam geht sie zwischen den hohen Blumen und Gräsern hindurch über die große Wiese. Um sie herum ist eine unendliche Weite.

Fast lautlos gleitet sie durch die hüfthoch gewachsenen Blumen. Es duftet herrlich. Paula liebt es, Zeit in der Natur zu verbringen. Hier fühlt sie sich frei. Hier kann sie loslassen. Sie selbst sein.

Sie atmet ruhig ein – und aus. Die frische Luft erfüllt ihren Körper. Schon lange hat sie nicht mehr so viel Kraft gespürt. Das Gehen fällt ihr auf einmal ganz leicht. Ihre Füße und Hände sind angenehm beweglich und fühlen sich federleicht an. Fast so, als sei sie wieder das kleine Mädchen, das schwerelos durch die Wiesen hüpft – so unbekümmert und lebensfroh.

Paulas Blick streift den Horizont. Über dem Blumenmeer liegt ein endlos weiter Himmel in zartem Blau. Sie sieht nach oben. Eine tiefe innere Ruhe entfaltet sich in ihr. Lächelnd bleibt sie stehen und schließt langsam ihre Augen. Noch immer nimmt sie den Duft der wunderschönen Blumen um sie herum so intensiv wahr, als sei sie gerade erst dort angekommen.

Ein frischer Windhauch streichelt ihre Wangen. Sie spürt, wie ein seichter Schauer ihren Rücken hinunterwandert. Vom Nacken über ihre Schulterblätter und dann die Wirbelsäule entlang. Paula genießt den Augenblick. Diesen Augenblick nur mit sich allein, mit den Blumen um sie herum, mit diesem wunderbaren blauen Himmel.

Dann atmet sie tief ein – und aus, ein – und aus, ein – und aus. Und öffnet langsam wieder ihre Augen. Die Wiese, die Blumen, der blaue Himmel … Es ist alles noch da. Mit einem sicheren Gefühl geht sie noch ein paar Meter weiter. Die Weite um sie herum lässt sie frei sein. Die hohen Blumen, die ihre Beine umspielen, und die zarten Blüten, die sie an ihren Fingerspitzen spürt, tun ihr gut. Sie lassen sie eins werden mit der Natur.

Noch einmal geht Paulas Blick in Richtung Himmel. Ein paar Vögel gleiten friedlich durch die Lüfte. Sie scheinen sich nicht an ihr zu stören, fliegen weiter ihre Runden, tauchen auch mal ins Gras herab, bis sie irgendwann – einer nach dem anderen – wieder hinter dem Horizont verschwinden. Ein friedvolles Gefühl breitet sich in ihr aus. Leise verabschiedet sie sich von den Vögeln.

Paula schaut sich noch einmal um. Die Blumen – sie passen alle so gut zueinander, und doch sind sie so verschieden. Jede steht dort für sich, ist aber ein wichtiger Teil des großen Ganzen. Sie versucht, sich das Bild einzuprägen und für immer bei sich zu behalten. Noch einmal atmet sie die frische Luft ein. Ganz tief.

Es geht ihr gut. Sie spürt eine angenehme Ruhe in ihrem Körper.

Zufrieden und entspannt nimmt sie diesen glücklichen Moment mit auf ihren Weg. Und erst als die Dämmerung hereinbricht, geht sie langsam durch das Blumenmeer nach Hause …

Suche dir eine Position aus, in der du dich wohlfühlst. Atme tief ein und aus. Schließe deine Augen und komm mit auf einen Spaziergang am Strand …

Wege am Strand

Das Wasser, das sich sanft um ihre Füße schmiegt, fühlt sich weich an. Behutsam rinnt es zwischen ihren Zehen hindurch. Dann fließt es langsam zurück ins Meer.

Mona geht den langen Sandstrand entlang. Sie läuft ganz nah am Meeressaum. Das Wasser bewegt sich gleichmäßig und ruhig hin und her. Es ist angenehm warm. Sie genießt die Berührungen mit dem Wasser. Jeder Schritt tut ihr gut.

Sie hört die Wellen rauschen. Ein leichter Wind streicht über ihre Wangen. Sonst ist es ruhig. Mona mag die Stille. Hier kann sie ganz sie selbst sein. Ihren Gedanken freien Lauf lassen.

Die Luft ist frisch. Es duftet nach Meerwasser. Mona atmet tief ein – und aus. Das Atmen fällt ihr leicht. Sie spürt, wie die frische Luft jede Zelle ihres Körpers erreicht. Und wie gut es ihr dabei geht.

Der helle Sandstrand liegt fast unberührt neben ihr. Ganz glatt, als wäre noch niemand vor ihr hier gewesen. Es sieht rundherum friedlich aus.

Mona geht ein wenig vom Wasser weg und läuft durch den weichen Sand. Er ist warm. Die kleinen Sandkörnchen schmiegen sich angenehm an ihre Haut. Es fühlt sich gut an, so getragen zu werden. Sie geht ein paar Schritte. Ein freies, friedvolles Gefühl breitet sich in ihr aus.

Nach einer Weile setzt sie sich in den Sand. Zufrieden sieht sie aufs Meer hinaus. Es liegt immer noch ruhig vor ihr. Die Wellen fließen abwechselnd auf den Strand … und wieder zurück ins Meer. Mona lehnt sich zurück und stützt sich mit den Händen im Sand ab. Wieder ist sie überwältigt von dem Gefühl, das der weiche Sand auf ihrer Haut hinterlässt.

Sie schaut in den Himmel und atmet gleichmäßig ein – und aus, ein – und aus, ein – und aus. Unter dem blauen Himmel fühlt sich alles so leicht an. Die Gedanken des Alltags scheinen vergessen. Und auch ihr Körper scheint langsam alle Anspannungen loszulassen. Sie spürt eine angenehme Leichtigkeit in ihren Armen und Beinen. Ihre Schultern entspannen sich. Der Sand trägt sie.

Mona bewegt ihre Finger langsam hin und her. Sie spürt etwas Spitzes an ihrer rechten Hand und gräbt es vorsichtig aus. Eine Muschel. Die einzige Muschel weit und breit in dem sonst so glatten Sand.

Sie schaut sie an und streicht vorsichtig über die Rillen ihrer Schale. Sie sind ganz gleichmäßig. Ein wenig rau. Und sehr schön. Mona beschließt, die Muschel als Andenken mit nach Hause zu nehmen, und umschließt sie behutsam mit ihrer Hand.

Sie schaut noch einmal aufs Meer hinaus und beobachtet das ruhige Wasser. Die Sonne spiegelt sich glitzernd auf der Oberfläche. Mit der linken Hand streicht sie noch einmal über den weichen Sand. Dann steht sie auf und läuft wieder zum Wasser, um noch ein paar Schritte am Meer entlangzugehen.

Es geht ihr gut. Sie ist zufrieden und vollkommen entspannt. Unbeschwert geht sie weiter durch das weiche Wasser, das sich sanft an ihre Haut schmiegt …